# 婴幼儿游戏与学习活动保育

谌湘芬　覃容飞◎主编

电子工业出版社
Publishing House of Electronics Industry
北京·BEIJING

## 内 容 简 介

本书依据婴幼儿游戏与保育岗位能力要求，以五项任务为载体，以思政教育为抓手，深挖每个任务中蕴含的相关保育知识和技能要点，层层递进并融合，有效实现了课程思政性、婴幼儿游戏活动训练的实操性、婴幼儿游戏与保育的融合性三者的统一。

未经许可，不得以任何方式复制或抄袭本书之部分或全部内容。
版权所有，侵权必究。

**图书在版编目（CIP）数据**

婴幼儿游戏与学习活动保育 / 谌湘芬，覃容飞主编.
北京 : 电子工业出版社, 2024. 8. -- ISBN 978-7-121-48796-5
Ⅰ. G613.7
中国国家版本馆 CIP 数据核字第 2024TS6122 号

责任编辑：游　陆　　文字编辑：苏颖杰
印　　　刷：中煤（北京）印务有限公司
装　　　订：中煤（北京）印务有限公司
出版发行：电子工业出版社
　　　　　北京市海淀区万寿路 173 信箱　邮编：100036
开　　本：787×1 092　1/16　印张：15.25　字数：390.4 千字
版　　次：2024 年 8 月第 1 版
印　　次：2024 年 8 月第 1 次印刷
定　　价：53.80 元

凡所购买电子工业出版社图书有缺损问题，请向购买书店调换。若书店售缺，请与本社发行部联系，联系及邮购电话：(010) 88254888, 88258888。
质量投诉请发邮件至 zlts@phei.com.cn，盗版侵权举报请发邮件至 dbqq@phei.com.cn。
本书咨询联系方式：(010) 88254489，youl@phei.com.cn。

# 前　言

"婴幼儿游戏与学习活动保育"为中等职业学校幼儿保育专业的核心课程，在婴幼儿照护相关人才培养中起到重要作用，突出 0~6 岁婴幼儿游戏活动设计与保育核心能力的培养，是一门集理论与实践于一体的综合性课程。本课程规范了游戏中保育岗位的实操过程，在婴幼儿游戏与学习活动保育技能标准中起引导性作用。

本书具有如下特点。

### 1. 编写体例合理

本书采用活页式编写体例，具有科学性、实用性、新颖性。全书分为五个任务，每个任务都设置了"任务目标""任务学时""任务描述""知识储备""实训活动""任务拓展""任务测试"等模块，"实训活动"模块设置了"活动准备""活动计划""活动实施""活动检测""活动评价"等五个环节，环环相扣，层层深入。

### 2. 资料翔实，内容丰富

本书大量引入托幼、早教机构婴幼儿游戏教学真实案例。依托土农早教中心产教融合平台，本书介绍了丰富的婴幼儿游戏教学真实案例，真岗实练，具有实操性，深挖每项任务中婴幼儿游戏蕴含的相关保育知识和技能要点。部分婴幼儿游戏的教学内容中配有二维码，扫描可观看相关知识点或视频，实现课前、课中、课后的同步学习。

### 3. 融入四大思政内容

本书融入思政教育，在人才培养中起职业道德和价值观的导向作用。在"任务目标""活动实施""活动评价""任务拓展"等部分分别融入"思政目标""思政情怀""思政与价值导向""思政拓展"，打造"保育职业道德""家国情怀""传承中华优秀传统文化""保育情怀"四大思政内容，引导学生树立正确的价值观，拥有崇高的思想情怀。

本书由谌湘芬、覃容飞担任主编。全书编写分工如下：陈丹媚、龚丽丽、刘洪余编写任务一，谭洁连、郑夏燕编写任务二，谌湘芬、李园园、王富津编写任务三，覃容飞、刘成清、林琳编写任务四，谌湘芬、李园园、陈艳编写任务五。在本书编写的过程中，得到了幼教行业专家及职教同行的大力支持，在此深表谢意。

由于编者水平有限，书中难免有疏漏和不足之处，恳请广大读者提出宝贵意见和建议。

编　者

# 目 录

**任务一　了解婴幼儿游戏与学习活动** ································· 3

　任务目标 ·································································· 3
　任务学时 ·································································· 3
　任务描述 ·································································· 4
　知识储备 ·································································· 4
　实训活动 ································································· 15
　　活动1　分析婴幼儿游戏与学习活动 ······················· 15
　　　一、活动准备 ················································· 15
　　　二、活动计划 ················································· 17
　　　三、活动实施 ················································· 17
　　　四、活动检测 ················································· 19
　　　五、活动评价 ················································· 20
　　活动2　婴幼儿游戏与学习活动的环境创设 ············· 22
　　　一、活动准备 ················································· 22
　　　二、活动计划 ················································· 23
　　　三、活动实施 ················································· 24
　　　四、活动检测 ················································· 25
　　　五、活动评价 ················································· 28
　　活动3　婴幼儿游戏与学习活动保育的实施 ············· 30
　　　一、活动准备 ················································· 30
　　　二、活动计划 ················································· 31

　　　　三、活动实施……………………………………………………………………31
　　　　四、活动检测……………………………………………………………………33
　　　　五、活动评价……………………………………………………………………35
　任务拓展……………………………………………………………………………37
　　　一、知识拓展………………………………………………………………………37
　　　二、技能拓展………………………………………………………………………38
　　　三、思政拓展………………………………………………………………………38
　任务测试……………………………………………………………………………39

## 任务二　0～3 岁亲子游戏与学习活动保育……………………………………42

　任务目标……………………………………………………………………………42
　任务学时……………………………………………………………………………42
　任务描述……………………………………………………………………………42
　知识储备……………………………………………………………………………43
　实训活动……………………………………………………………………………54
　　活动 4　大动作游戏与学习活动保育……………………………………………54
　　　　一、活动准备……………………………………………………………………54
　　　　二、活动计划……………………………………………………………………55
　　　　三、活动实施……………………………………………………………………56
　　　　四、活动检测……………………………………………………………………61
　　　　五、活动评价……………………………………………………………………63
　　活动 5　精细动作游戏与学习活动保育…………………………………………65
　　　　一、活动准备……………………………………………………………………65
　　　　二、活动计划……………………………………………………………………66
　　　　三、活动实施……………………………………………………………………67
　　　　四、活动检测……………………………………………………………………70
　　　　五、活动评价……………………………………………………………………72
　　活动 6　认知游戏与学习活动保育………………………………………………74
　　　　一、活动准备……………………………………………………………………74

二、活动计划 ………………………………………………………… 75
　　三、活动实施 ………………………………………………………… 75
　　四、活动检测 ………………………………………………………… 78
　　五、活动评价 ………………………………………………………… 80
　活动 7　社会、语言游戏与学习活动保育 …………………………… 82
　　一、活动准备 ………………………………………………………… 82
　　二、活动计划 ………………………………………………………… 83
　　三、活动实施 ………………………………………………………… 83
　　四、活动检测 ………………………………………………………… 86
　　五、活动评价 ………………………………………………………… 88
任务拓展 ……………………………………………………………………… 90
　一、知识拓展 …………………………………………………………… 90
　二、技能拓展 …………………………………………………………… 91
　三、思政拓展 …………………………………………………………… 92
任务测试 ……………………………………………………………………… 92

## 任务三　创造性游戏与学习活动保育 …………………………………… 97

任务目标 ……………………………………………………………………… 97
任务学时 ……………………………………………………………………… 97
任务描述 ……………………………………………………………………… 97
知识储备 ……………………………………………………………………… 98
实训活动 ……………………………………………………………………… 106
　活动 8　角色游戏与学习活动保育 …………………………………… 106
　　一、活动准备 ………………………………………………………… 106
　　二、活动计划 ………………………………………………………… 107
　　三、活动实施 ………………………………………………………… 108
　　四、活动检测 ………………………………………………………… 110
　　五、活动评价 ………………………………………………………… 112
　活动 9　表演游戏与学习活动保育 …………………………………… 114

一、活动准备……………………………………………………………………114

　　二、活动计划……………………………………………………………………115

　　三、活动实施……………………………………………………………………116

　　四、活动检测……………………………………………………………………118

　　五、活动评价……………………………………………………………………120

　活动 10　结构游戏与学习活动保育……………………………………………122

　　一、活动准备……………………………………………………………………122

　　二、活动计划……………………………………………………………………123

　　三、活动实施……………………………………………………………………124

　　四、活动检测……………………………………………………………………126

　　五、活动评价……………………………………………………………………128

任务拓展……………………………………………………………………………130

　一、知识拓展………………………………………………………………………130

　二、技能拓展………………………………………………………………………131

　三、思政拓展………………………………………………………………………131

任务测试……………………………………………………………………………132

## 任务四　规则游戏与学习活动保育……………………………………………135

任务目标……………………………………………………………………………135

任务学时……………………………………………………………………………135

任务描述……………………………………………………………………………135

知识储备……………………………………………………………………………136

实训活动……………………………………………………………………………153

　活动 11　益智游戏与学习活动保育……………………………………………153

　　一、活动准备……………………………………………………………………153

　　二、活动计划……………………………………………………………………155

　　三、活动实施……………………………………………………………………155

　　四、活动检测……………………………………………………………………157

　　五、活动评价……………………………………………………………………159

活动 12　体育游戏与学习活动保育……………………………………161
　　　　一、活动准备………………………………………………………161
　　　　二、活动计划………………………………………………………162
　　　　三、活动实施………………………………………………………163
　　　　四、活动检测………………………………………………………164
　　　　五、活动评价………………………………………………………167
　　活动 13　音乐游戏与学习活动保育……………………………………169
　　　　一、活动准备………………………………………………………169
　　　　二、活动计划………………………………………………………170
　　　　三、活动实施………………………………………………………171
　　　　四、活动检测………………………………………………………174
　　　　五、活动评价………………………………………………………176
　任务拓展………………………………………………………………………178
　　　　一、知识拓展………………………………………………………178
　　　　二、技能拓展………………………………………………………179
　　　　三、思政拓展………………………………………………………179
　任务测试………………………………………………………………………179

## 任务五　民间游戏与学习活动保育……………………………………183

　任务目标………………………………………………………………………183
　任务学时………………………………………………………………………183
　任务描述………………………………………………………………………184
　知识储备………………………………………………………………………184
　实训活动………………………………………………………………………194
　　活动 14　传统民间游戏与学习活动保育………………………………194
　　　　一、活动准备………………………………………………………194
　　　　二、活动计划………………………………………………………195
　　　　三、活动实施………………………………………………………196
　　　　四、活动检测………………………………………………………198

五、活动评价……………………………………………………………………200

　活动15　民族游戏与学习活动保育…………………………………………………202
　　一、活动准备……………………………………………………………………202
　　二、活动计划……………………………………………………………………203
　　三、活动实施……………………………………………………………………204
　　四、活动检测……………………………………………………………………206
　　五、活动评价……………………………………………………………………208

任务拓展……………………………………………………………………………………210
　一、知识拓展………………………………………………………………………210
　二、技能拓展………………………………………………………………………211
　三、思政拓展………………………………………………………………………211
任务测试……………………………………………………………………………………211

**附录　保育师国家职业技能标准（2021年版）**……………………………………215

# 知识与技能检索

| 学习任务 | 学习活动 | 对应的保育或幼儿照护职业等级证书考试知识及技能 |
|---|---|---|
| 任务一<br>了解婴幼儿游戏与学习活动 | 活动 1<br>分析婴幼儿游戏与学习活动 | 1+x 幼儿照护职业技能等级证书考试基础知识：<br>婴幼儿身体特点；<br>幼儿身心发展；<br>幼儿教育指导 |
| | 活动 2<br>婴幼儿游戏与学习活动的环境创设 | |
| | 活动 3<br>婴幼儿游戏与学习活动保育 | |
| 任务二<br>0~3 岁亲子游戏与学习活动保育 | 活动 4<br>大动作游戏与学习活动保育 | 1+x 幼儿照护职业技能等级证书（初级、中级）考试内容：<br>动作发展与指导 |
| | 活动 5<br>精细动作游戏与学习活动保育 | |
| | 活动 6<br>认知游戏与学习活动保育 | 幼儿照护职业技能等级证书（初级、中级）考试内容：<br>认知发展与指导 |
| | 活动 7<br>社会、语言游戏与学习活动保育 | 1+x 幼儿照护职业技能等级证书（初级、中级）考试内容：<br>语言发展与指导；<br>社会性发展与指导 |
| 任务三<br>创造性游戏与学习活动保育 | 活动 8<br>角色游戏与学习活动保育 | 保育师国家职业技能标准：<br>环境准备；<br>物品管理；<br>清洁消毒 |
| | 活动 9<br>表演游戏与学习活动保育 | |
| | 活动 10<br>结构游戏与学习活动保育 | 保育师国家职业技能标准：<br>伤害预防；<br>应急处理 |

续表

| 学习任务 | 学习活动 | 对应的保育或幼儿照护职业等级证书考试知识及技能 |
| --- | --- | --- |
| 任务四<br>规则游戏与学习活动保育 | 活动 11<br>益智游戏与学习活动保育 | 保育师国家职业技能标准：<br>清洁消毒；<br>伤害预防；<br>应急处理 |
| | 活动 12<br>体育游戏与学习活动保育 | 保育师国家职业技能标准：<br>生活照料；<br>安全健康管理 |
| | 活动 13<br>音乐游戏与学习活动保育 | 保育师国家职业技能标准：<br>早期学习知识 |
| 任务五<br>民间游戏与学习活动保育 | 活动 14<br>传统民间游戏与学习活动保育 | 保育师国家职业技能标准：<br>物品选择和管理 |
| | 活动 15<br>民族游戏与学习活动保育 | |

## 任务一　了解婴幼儿游戏与学习活动

 **任务目标**

1. 知识目标

（1）了解婴幼儿游戏与学习活动概述。

（2）理解婴幼儿游戏与学习活动的特点，掌握婴幼儿游戏与学习活动的分类。

（3）了解婴幼儿身心发展与教育。

（4）掌握婴幼儿认知、动作发展、语言发展、社会性领域学习与发展的核心能力内容。

（5）了解婴幼儿游戏与学习活动环境创设的意义、原则及指导思想。

（6）了解婴幼儿游戏与学习活动实施过程中的保育要点。

2. 技能目标

（1）能根据婴幼儿身心发展与教育、婴幼儿游戏与学习活动环境的概述创设相应的游戏环境。

（2）能在婴幼儿游戏与学习活动的实施过程中正确进行保育工作。

3. 思政目标

（1）体会游戏与学习活动对婴幼儿身心发展的重要价值，提升游戏活动保育认同感。

（2）培养包括认真负责的工作态度、较强的组织能力和动手能力的综合职业素养。

（3）树立科学的儿童观和教育观，认同游戏与学习活动对婴幼儿成长的价值。

 **任务学时**

本任务共 12 学时。

**任务描述**

游戏是婴幼儿最基本的活动，也是他们最主要的学习途径。0～3岁婴幼儿学习各类经验的主要方式就是游戏。婴幼儿在游戏中获得发展，这对促进身体、认知、情感、社会性等各方面发展都有重要作用。

婴幼儿游戏是指 0～3 岁婴幼儿基于对其身心发展的需要，通过与成人、环境或材料进行积极互动、相互作用，从而获得身心愉悦，使其感知、动作、情感、社会性等方面得到发展的主体性活动。

婴幼儿学习活动是指根据国内外常用的婴儿心理测量两表中的评价指标和早期教育文献中表述最多的婴儿心理发展内容，归类为认知、动作、语言、社会性（含情感）四个领域。

婴幼儿游戏环境创设具体为婴幼儿在进入该环境前照顾者为其所做的环境设计预备工作，支持婴幼儿身心健康成长和潜能开发的物质与精神条件的总和，主要分为物质环境创设和精神环境创设。

本任务详细介绍婴幼儿游戏与学习活动的概述、特点、分类、环境创设、实施的保育要点。学习者结合幼教机构、早教机构的具体案例，理解并运用婴幼儿游戏与学习活动理论知识，完成婴幼儿游戏学习活动的环境创设，实施婴幼儿游戏与学习活动的保育工作；参照《托育机构保育指导大纲（试行）》《育婴员国家职业技能标准》《保育师国家职业技能标准（2021 年版）》《0—3 岁婴儿的保育与教育》（高等教育出版社出版）《幼儿照护职业技能教材（基础知识）》（湖南科学技术出版社出版），确定婴幼儿游戏与学习活动对应的保育技能要点，通过完成任务的方式掌握幼儿照护职业技能等级证书初级考试的相关内容。

 **知识储备**

## 一、婴幼儿游戏概述

### （一）婴幼儿游戏的本质

游戏是一种广泛存在的活动或现象。了解婴幼儿游戏的本质，能够使我们更加科学地理解婴幼儿游戏的概念。由于游戏本身具有复杂性，不同时期、不同研究背景，对游戏的本质及其概念很难有统一界定。随着对游戏理论的深入研究，以及婴幼儿游戏的发展，根据游戏本质观的演变过程，形成了较为科学的定义。

1. 游戏概念的非自觉化理解

关于"游戏"，在生活中早有运用，但并不是从一开始就被作为学科研究对象的。汉语对游戏有多种表达，如"玩""遨""嬉"等词，从字面意思可理解为游戏、嬉戏，多半与动作有关，体现出轻松自在的特点。"游戏"一词最早出现在《史记·老子卓非列传》中。游戏作为一种表达，在不同地域积淀的社会文化内涵，影响了人们对游戏概念的理解。即使仅停留在感性层面，还不能够自觉地把握游戏的本质，人们也初步建立了对游戏的认识。

2. 游戏的生物性本质观

游戏的生物性本质观认为，游戏是婴幼儿的本能活动。德国教育家福禄贝尔认为，游戏是婴幼儿内部存在的自我活动的表现，是一种本能活动，是婴幼儿内心世界的反映。这在剩余精力说、复演说、成熟说等理论中皆有所论述。德国思想家席勒和英国心理学家斯宾塞将游戏看作婴幼儿对剩余精力的消耗，认为婴幼儿需要以游戏的形式发泄剩余精力，从而获得身心的愉悦。美国心理学家霍尔提出复演说，认为游戏是对种族过去获得习惯的延续和再现。荷兰心理学家、生物学家拜敦代克提出成熟说，认为游戏是婴幼儿操作某些物品以进行活动，是幼稚动力的一般特点的表现，他指出，游戏是婴幼儿适应环境、需求自由和欲望的表现，并非本能。

早期的游戏本质论受达尔文进化论的影响，用生物发展的一般规律来解释婴幼儿游戏的本质，为后来游戏理论的研究奠定了基础。

3. 游戏的社会性本质观

苏联心理学家和教育家维果茨基认为，游戏是婴幼儿的社会性活动。游戏是在真实的实践之外，在行动上再造某种生活现象，婴幼儿运用语言，以角色为中心，了解、学习和掌握基本的人与人的社会关系。心理学家艾利康宁提出，婴幼儿游戏是在真实的条件以外，运用想象、象征性的材料，再现人与人的关系。

我国学者关于游戏本质的研究受到苏联的影响，认为婴幼儿游戏是在其身体、智力发展到一定水平，积累了一定经验后开始的，而非本能活动，认为游戏是婴幼儿主动性的、有目的、有意识的活动，是反映其周围生活的一种社会性活动。

4. 游戏是婴幼儿的主体性活动

20世纪90年代，游戏理论研究者提出了游戏是婴幼儿主体性活动这一科学的游戏本质观。游戏是婴幼儿主动性活动，而非被动的，这从婴幼儿在游戏中积极的、愉悦的状态可以看到。游戏是婴幼儿独立性活动，婴幼儿是游戏的主体，有权决定游戏的对象、内容、场地。游戏是婴幼儿创造性活动，婴幼儿在游戏中往往具有明显的创造性，会"出乎意料"地调整游戏的玩法，甚至创造新的游戏材料。

（二）婴幼儿游戏的含义

本书将婴幼儿游戏定义为：0~3岁婴幼儿基于对其身心发展的需要，通过与成人、环境或材料进行积极互动、相互作用，从而获得身心愉悦，使其感知、动作、情感、社会性等方面得到发展的主体性活动。

## 二、婴幼儿学习活动概述

婴幼儿学习活动是指为了促进婴幼儿全面发展，通过有趣、生动、多样的方式促进婴幼儿身体、智力、语言、情感、社交和审美等方面能力的教育活动，按照2001—2005年联合国儿童基金会"早期儿童养育与发展项目"提出的"儿童全面发展应包括社会发展、情绪发展、认知和语言的发展、动作发展四大方面"的要求，根据国内外常用的婴儿心理测量两表中的评价指标和早期教育文献中表述最多的婴儿心理发展内容，归纳为认知、动作、语言、社会性（含情感）四个领域。因此，婴幼儿学习活动的主要内容涵盖体感、语言、感知觉、创意、社交、艺术和生活自理等方面。

## 三、婴幼儿游戏与学习活动的特点

1. 婴幼儿以感觉运动游戏为主

婴幼儿期可分为0~1岁婴儿期及1~3岁幼儿期。皮亚杰认知发展理论提出，0~2岁婴幼儿处于感知运动阶段，通过感知觉与运动探索他们周围的世界。他认为，该阶段婴幼儿的认知活动主要是通过直观感知和实物操作进行的。在这一时期，婴幼儿会为了游戏活动中的愉悦感而反复重复某一动作或反复操作某一事物。例如，婴幼儿会围绕房间的周围一直跑、重复扔某样物品，而这正是婴幼儿游戏的典型特点。2岁以后，幼儿进入了象征性游戏的萌芽阶段。（扫描二维码可观看婴儿翻身活动。）

### 2. 婴幼儿游戏是其自主性活动

婴幼儿处于身体迅速发展的时期，随着年龄的增长，他们的动作得到了发展，活动范围增强，语言、想象也有了一定的发展，此时他们对活动的兴趣也大大提升。游戏是婴幼儿内在发展的需要，可能是自发的，更多是在成人和环境、玩具材料的影响下产生的。婴幼儿一旦进入游戏，其表现是自愿的、主动的、积极的。与成人游戏不同，婴幼儿不在乎游戏的结果，而更加关注游戏的过程，其有权决定和谁玩、怎么玩。婴幼儿享受游戏的过程，并在游戏中潜移默化地促进了其情感、认知、社会性的发展。（扫描二维码可观看婴儿视觉追随游戏。）

### 3. 婴幼儿游戏具有生活性

0~3岁婴幼儿的认知发展水平较低，生活经验有限，周围的一切对于他们都是新鲜的。因此，生活中的事物皆可以作为婴幼儿探索的对象。此外，生活即游戏，游戏即生活，游戏在婴幼儿的生活中随时发生，体现在婴幼儿生活的各个环节中，并且成人可以将婴幼儿生活中的现象作为游戏的内容，以生活中的事物作为游戏媒介，组织婴幼儿的游戏活动。（扫描二维码可观看婴儿听觉辨位）

### 4. 游戏伴随愉悦的情绪

教育家陈鹤琴认为，婴幼儿视游戏为生命，多游戏，多快乐。婴幼儿游戏是以愉悦为目的的，通过与成人、环境、游戏材料的积极互动产生愉快的情绪情感体验，不具备强制性，更体现趣味性。婴幼儿游戏更多地在婴幼儿与父母之间产生，亲子游戏能够让婴幼儿产生愉快的、积极的情绪情感，增强婴幼儿的幸福感，帮助婴幼儿建立乐观、开朗、自信的性格特点，形成稳定幸福的家庭生活氛围。基于婴幼儿大脑皮层发育特点，兴奋强于抑制，因此，在游戏过程中，成人需注意婴幼儿游戏的实操，关注婴幼儿在游戏过程中的身体状况及情绪表现，及时对婴幼儿进行干预。

## 四、婴幼儿游戏与学习活动的分类

| 分类维度 | 游戏类型 |
| --- | --- |
| 按婴幼儿社会性发展分类 | 独自游戏 |
|  | 亲子游戏 |
|  | 伙伴游戏 |
| 按婴幼儿游戏的内容分类 | 感觉游戏 |
|  | 运动游戏 |
|  | 操作游戏 |
|  | 语言游戏 |
|  | 音乐游戏 |
|  | 益智游戏 |
| 按婴幼儿游戏的认知发展分类 | 感觉运动游戏 |
|  | 象征性游戏 |
|  | 结构性游戏 |

## 五、婴幼儿身心发展与教育

| 领域 | 意义 | | | 领域学习与发展核心能力的主要内容 |
| --- | --- | --- | --- | --- |
| 婴幼儿认知发展与教育 | 认知是大脑反映客观事物的特性与联系，并揭露事物对人的意义与作用的心理活动，具体包括感知、注意、表象、记忆、思维等心理活动 | 感知觉 | 外感受器感觉 | 视觉集中与追随、视敏度（视觉辨别）、颜色视觉；听敏度、听觉定位、语音和乐音听觉辨别；触觉分辨、味觉分辨、嗅觉分辨 |
| | | | 本体感觉 | 平衡觉（静觉）、动觉 |
| | | 概念掌握 | 实体概念 | 掌握熟悉实物的名称，给实物下定义 |
| | | | 数概念 | 数和量的特征、数与量的关系；认识序数 |
| | | | 时间概念 | 时序的认知、时距的认知、年龄的认知、时间媒介的认知 |
| | | | 空间概念 | 形状认知、大小认知、空间关系认知 |
| | | 数理逻辑 | 一一对应 | 简单因果理解、事物匹配关系 |
| | | | 序列 | 物理属性排序、事务概念属性排序、某种规律排序、数量概念排序 |
| | | | 分类 | 分类标准掌握、理解类包含 |
| | | | 表征 | 部分与整体"感知属性"认识、真实事物的符号象征、模仿与扮演 |

续表

| 领域 | 意义 | 领域学习与发展核心能力的主要内容 | | |
|---|---|---|---|---|
| 婴幼儿动作发展与教育 | 婴幼儿的动作是骨骼、肌肉、关节等身体运动器官在神经系统的调节下产生的生理活动，是婴幼儿心理活动的外在表现形式之一 | 粗大动作 | 头颈部动作 | 转头、抬头 |
| | | | 躯干动作 | 翻身、坐、爬 |
| | | | 上肢动作 | 抛接、投掷 |
| | | | 下肢动作 | 站、走、跑、蹲、跳 |
| | | 精细动作 | 单手动作 | 抓握动作、使用工具动作 |
| | | | 双手动作 | 对称的双手动作、不对称的双手动作 |
| | | 生活动作 | 饮食类动作 | 吃饭、喝水 |
| | | | 起居类动作 | 穿脱衣服、鞋袜，整理衣服 |
| | | | 盥洗类动作 | 洗手、洗脸、刷牙、如厕 |
| 婴幼儿语言发展与教育 | 语言是以语音为载体，以词为基本单位，以语法为构建规则的符号系统。语言是一种社会现象，是人类最重要的交流工具。语言随着社会的产生而产生，随着社会的发展而发展。不同的民族和文化会形成不同的语言，如英语、汉语、法语、意大利语等 | 语言理解 | 语言知觉 | 声音知觉、语言知觉、音位知觉 |
| | | | 词汇理解 | 理解名词、动词、形容词、代词等词汇1000个左右 |
| | | | 句子理解 | 听懂动作指令、理解常用句型、理解简单问句、理解简单故事、理解图书画面和文字与口语有对应关系 |
| | | 语言表达 | 言语表达 | 语音练习、模仿发音、用身体姿势表达意愿 |
| | | | 词汇表达 | 说名词、动词、形容词、代词、副词、量词、介词、连词等 |
| | | | 句子表达 | 说儿歌、叙述简单事件、口头讲出画面内容、用语言表达需要 |

续表

| 领　域 | 意　义 | 领域学习与发展核心能力的主要内容 | | |
|---|---|---|---|---|
| 婴幼儿社会性发展与教育 | 社会性是指人的一种社会心理特性，即人在社会交往过程中建立人际关系，理解、学习和遵守社会行为规范，控制自身社会行为的心理特性。社会性发展有时也称社会化，是每个个体成为负责任的、有独立行为能力的社会成员的必经途径 | 社会认知 | 自我认知 | 主体对自己的认识、区别自己与他人、使用语言表示自我、认识自己的心理活动 |
| | | | 规范认知 | 认识简单规则、遵守简单规则 |
| | | 社会情感 | 亲子依恋 | 产生明显的对最亲近的人的依恋行为、主动追随依恋对象、以依恋对象为安全基地进行探索、忍受与依恋对象的分离 |
| | | | 情绪识别 | 认识情绪、表达自己的情感、理解故事中人物的情感 |
| | | 社会行为 | 交往行为 | 单方面的社交行为、简单交往行为的发生，互补性交往行为的出现 |
| | | | 适应行为 | 进食、穿衣、梳洗、大小便控制 |

## 六、婴幼儿游戏与学习活动的环境创设

### （一）婴幼儿游戏与学习活动环境创设的意义

1962年，卢梭在《爱弥儿》一书中指出，环境是影响幼儿成长与学习的关键因素。在自然环境中，幼儿若不受后天不良环境影响，其自然天性将会得到充分的发扬。由此可见，环境给幼儿的发展与成长提供了基础，创造了条件，若利用不当，将影响婴幼儿的成长。

**1. 安全、丰富的环境促进婴幼儿动作发展**

苏云晶（2018）指出，安全的环境是婴幼儿进行探索的前提，包括安全的物质环境和精神环境。在安全的环境中，婴幼儿可以自由、大胆地调动自己的触觉、味觉、视觉、听觉等感官探索身边事物。0~3岁婴幼儿处于感知运动阶段，主要通过与事物的互动，如抓、摸、咬、扔等实际可操作的动作获得直观经验。游戏环境中物体的特征也是促进游戏动作产生的重要条件，因此创设安全、丰富的游戏环境能够让婴幼儿放心大胆地与

客体交流互动，同时也能满足不同月龄婴幼儿的发展需要，在一定程度上促进婴幼儿生理动作的发展。

2. 开放的环境促进婴幼儿语言发展

环境可以为婴幼儿语言表达提供支持，在游戏中可以将语言作为思想和行为的工具，在与同伴、成人的互动交流中逐渐学会表达、丰富词汇。婴幼儿语言发展会经历发音阶段、语言动作联系阶段及说句阶段，不同开放程度的游戏环境和不同难度游戏中的语言对话对婴幼儿语言发展具有重要影响。例如，在童谣《妞妞和牛牛》中，可以让孩子区别"妞""牛"的不同发音。成人也可以通过简单的对话游戏促进婴幼儿说简单句的能力。

3. 宽松的游戏氛围促进婴幼儿情绪情感和社会性初步发展

朱亦琦（2013）指出，游戏环境中的人际关系，包括婴幼儿与成人、同伴之间的关系和宽松自由的游戏氛围，都是促进婴幼儿情绪情感发展的重要因素。婴幼儿在游戏环境中能够体验积极的情绪情感，消除消极的情绪情感。游戏中的成人和同伴可以激发婴幼儿游戏的欲望，帮助他们获得丰富的情感体验和更多的经验。张永红（2015）指出，0～3岁婴幼儿处于社会性发展的初期，他们在游戏环境中能够体验矛盾冲突、分离等问题，在宽松的游戏氛围中，婴幼儿能够更好地学会表达和控制情绪的不同方式，获得更好的游戏体验，促进其社会性的发展。

4. 良好环境的创设能减少婴幼儿行为问题

婴幼儿在安全、舒适的环境中，能与人建立友好的关系并得到积极回应，从而促进其身心健康发展。可以通过环境创设改善婴幼儿行为问题：一是根据不同的发展水平创设相应的环境，支持婴幼儿积极参与自己感兴趣并适宜发展的新活动；二是照护者有针对性地策划环境，帮助婴幼儿进行情绪管理；三是通过家、园、社会等多方配合，有针对性地设计环境。

（二）婴幼儿游戏与学习活动环境创设的原则及指导

1. 0～3岁婴幼儿游戏与学习活动环境创设的原则

婴幼儿游戏与学习活动环境创设是家长和托育服务工作者的任务与职责所在。游戏与学习活动环境创设将影响婴幼儿的发展，因此要结合婴幼儿的年龄特点，充分挖掘和利用婴幼儿实际生活中的教育因素，创设保育与教育相结合的环境，激发婴幼儿与环境互动，促进婴幼儿身心发展。虽然家庭、托育机构等在游戏与学习活动环境创设中的场所条件、基础条件等有所区别，但创设原则是基本一致的，具体见下表。

| 原则 | 意义 |
| --- | --- |
| 安全性原则 | 安全性是红线，也是底线，是要遵守的第一原则，也是婴幼儿开展各种游戏与学习活动的前提。在一般情况下，要全面考虑场地环境的空气质量、人员密度、噪声、材料安全等因素，创设有利于婴幼儿自主活动的环境，而不是为了安全和健康而处处设限 |
| 适宜性原则 | 婴幼儿游戏与学习活动环境创设必须反映婴幼儿身心发展水平及特点，适合婴幼儿的年龄特点及个体差异，使每个婴幼儿都获益，在原有水平的基础上得到发展。例如，想支持1岁以内婴儿从简单地运用感官去探索物体特征转向同时操作两个物体时，可为其提供能够组合起来用于敲打、操作和倾倒的材料，如装着不同形状物件的分类盒、装满纸巾的纸巾盒及各种形状和尺寸的积木等 |
| 教育性原则 | 马拉古奇提出，环境是幼儿的第三任老师，强调了环境创设要符合相应年龄段婴幼儿的特征，环境中的所有设施和材料都要进行合理的设计和配置，呈现为"不说话的教师"，将认知、情感和能力的发展融为一体，充分发挥环境的教育功能。陈鹤琴先生认为："什么样的环境，就得到什么样的刺激和什么样的印象。"由此可见，婴幼儿对事物的认识，大部分是通过环境潜移默化的影响而获得的，婴幼儿是在与环境的互动中逐步发展的，具有教育意义的环境是婴幼儿成长的桥梁 |
| 可变性原则 | 可变性是指设施、设备、物品、材料等便于改变，一是品种、数量、摆放位置等随时可根据需要进行调整；二是根据婴幼儿的成长、兴趣、体力增长等需要随时可调整 |
| 参与性原则 | 环境创设是为支持婴幼儿成长而进行的劳动创作，如果没有婴幼儿的参与，仅是照护者劳动成果的展现，那么再创新的环境也不具有教育的价值。因此，应在环境创设的过程中，给婴幼儿提供参与创设和表现的机会，充分发挥其自身潜能，让他们直接与环境进行对话，这有利于增强婴幼儿的动手能力，培养其自信心，发展其兴趣与潜能 |
| 经济环保原则 | "绿水青山就是金山银山。"这句话也适用于婴幼儿环境创设中各种材料的投入。婴幼儿成长比较快，对于阶段性的成品材料投入，一是要考虑材料的来源与淘汰是否造成资源的浪费与环保问题；二是要考虑各类材料的功能性是否是多方位的，可满足一物多玩、一物多用 |

续表

| 原　则 | 意　义 |
|---|---|
| 温馨舒适性原则 | 应创设婴幼儿及照护者都感觉舒适、便利的环境。舒适主要是指体感舒适，如温度、湿度适中，光线明暗适度，物品质地软硬、粗细结合，动静区分等。0~3岁婴幼儿离开熟悉的环境，进入陌生的环境时，会给他们的成长带来一定的恐慌，这就要求照护者要考虑为婴幼儿创设安全依恋型环境，如创设熟悉的、常见的、与生活环境相近的环境，让其获得精神归属 |

2. 0~3岁婴幼儿游戏与学习环境的创设指导

在婴幼儿游戏与学习环境创设中，按照国内分类标准，将0~3岁婴幼儿划分为婴儿期（0~12月龄）、幼儿期（12~36月龄）两大阶段。不同阶段的婴幼儿游戏与学习环境创设及材料的投放不尽相同，见下表。

| 婴儿期游戏与学习环境创设 ||
|---|---|
| 游戏特点 | 婴儿期的婴儿玩游戏分为3个阶段。0~3月龄婴儿期待社会互动的发生，他们的基本游戏形式是与人建立联系，进行眼神交流，通过感官和动作来探索世界。4~6月龄婴儿变得机敏、活泼，他们希望与自己生活中的成人有更多的互动，通过啃咬、抓握、敲打或摇晃物体等方式进行游戏，会简单地模仿他人的动作和声音。7~12月龄婴儿从对人感兴趣过渡到对一切事物感兴趣，他们会通过用手去触摸他人的手或脸来进行互动；能稳稳地坐着，通过自由使用双手玩玩具探索事物间的因果关系；学会滚动、爬行和站立，还能借助身边物品向前挪动，这些新的移动能力为婴儿的探索和学习创造了机会；会有意识地研究新物品的使用方式和用途，并学着应对延迟满足 |
| 环境创设的特点 | 环境创设特点要求简单且温馨。要创设能支持婴儿不断探索和学习的环境，要考虑游戏区的创设与婴儿游戏材料的投放。<br>要做到空间整洁、便于探索，环境舒适且有吸引力；材料分类，取放方便。<br>游戏材料的投放既要符合婴儿期游戏的特点，又可根据年龄特点进行分层：一是提供可啃咬、抓握、拍打等的材料，二是提供可探索、可观察的材料，三是提供便于操作的组合型材料 |
| 环境的创设 | 在婴儿开始进行独立探索时，就要考虑为其提供独立活动的空间和游戏材料，以促进他们的认知、动作及语言的发展。当区域空间有限时，可以考虑在同一区域将材料放置在矮架或置物篮中。婴儿对感兴趣材料的喜爱会延续很长一段时间，有时只需要稍做改变就足以延续他们的探索兴趣。因此，不需要一直进行环境材料的投放，可以每隔一段时间，对某些区域进行局部调整，但不宜大面积改变 |

| 幼儿期游戏与学习环境创设 ||
|---|---|
| | 行动期幼儿 |
| 游戏特点 | 　　行动期的幼儿习得了很多技能，游戏也变得更加复杂。他们喜欢简单的益智游戏，经常独自探索物体，也会和他人进行重复的社会游戏和互动，喜欢翻阅图书，会运用手势、面部表情，以及母语中习得的一些词汇来清晰地与人沟通，使用明确的方法来解决问题 |
| 环境创设的特点 | 　　环境创设特点为安全且引人探索。行动期幼儿是有能力的探索者，他们行动迅速，可自行探索感兴趣的区域，因此创设每个区域时，在安全的前提下，考虑提供可以选择的系列材料，以促进他们在各个领域的发展。<br>　　同类材料的提供要有选择性，以支持行动期幼儿的兴趣发展。例如，关于空间关系，可提供装满零食或水的罐子（不易碎），以及用于装填和倾倒的量杯（塑料），也可提供装满围巾或布料的篮子或纸盒，可倾倒、装填。<br>　　熟悉与新奇材料的提供要形成动态平衡。这一阶段的材料投放考验照护者更细心的观察力，要在材料的一成不变与变化无穷间形成动态平衡。因此，在材料投放上要以行动期幼儿的已有知识经验为基础，考虑可变与不变，并根据实情添加一些惊喜元素，或者根据幼儿发出的信息增加材料。<br>　　托育机构各区域要投入份数与人数相同或略多的玩具。<br>　　行动期幼儿已具备简单的模仿行为，因此需要考虑为其创设假装游戏的平台，提供发展自理能力的材料，如给娃娃换尿布、洗脸、穿衣服，在厨房烹饪食物等所需的材料 |
| 环境的创设 | 　　行动期幼儿已经不满足于啃咬、抓握、敲打及摇晃类游戏材料，他们需要像成人那样游戏，把材料当工具，通过基本的解决问题来检验材料的功能，从而进行有效的探索。因此，可引入更复杂的游戏材料和活动，为他们创设安全而富有挑战性的环境 |
| | 学步期幼儿 |
| 游戏特点 | 　　学步期幼儿游戏分为3个阶段。18～24月龄幼儿仍对观察和模仿同伴感兴趣，但更多的是通过占有权和自主权来表达自己。这个阶段的幼儿很爱说话，处于语言发展敏感期。假装能力是他们的一项重要技能，爱玩想象性游戏，游戏内容可能反映出家庭文化。他们的走、跑、攀爬能力发展较好，能通过利用工具实现游戏目标。 |

续表

| | 学步期幼儿 |
|---|---|
| 游戏特点 | 24～30月龄幼儿对物品所有权、常规活动、吃饭时间及游戏活动等有自己的主见，并喜欢将自己的意见告诉照护者；喜欢玩平行游戏；语言能力得到进一步发展；认知能力正在快速发展，能按照自己的剧本表演故事，完成涉及物品大小和形状的任务；抓握能力、平衡能力和手眼协调能力得到进一步增强，能跑、能跳、能爬、敢冒险。<br>30～36月龄幼儿开始使用虚构元素开展游戏；分享行为得到发展；自理能力和动作技能得到进一步发展；喜欢讲故事和唱歌，或者利用故事中的语言玩游戏；会尝试弄清一些逻辑关系 |
| 环境创设的特点 | 学步期的幼儿，主要通过游戏活动体验习得新技能，环境创设区域要既能支持其四处移动和玩假装游戏，又能鼓励他们探索感兴趣的概念和想法，适应其安全和行为方面的新挑战，因此主要考虑创设互动性强、较为复杂的探索环境 |
| 环境的创设 | 24～30月龄幼儿环境创设区域大部分与前一阶段相似，可在已有的区域投放一些相同的、适宜其发展的玩/教具及操作材料。不同之处在于，要为这一阶段语言和其他能力正在不断发展的幼儿提供更多的挑战与机会，增加更多的开放材料，促使其探索与试验 |

注：表中的幼儿期特指12～36月龄幼儿，可分为行动期幼儿与学步期幼儿。

## 实训活动

## 活动1　分析婴幼儿游戏与学习活动

### 一、活动准备

【案例】

婴幼儿（2～3岁）游戏：搭积木。

【创设背景】

在建构区，30月龄的天天在用不同形状的积木造一座漂亮的房子，乐乐正在用三角形的积木搭一座桥。天天造的房子越来越宽，越来越高，而乐乐搭的桥越来越长。一段时间后，天天向玩具篮里扫了一眼，发现没有自己要的积木，便一边伸手一边对乐乐说"这是我的"，从他手里夺走了一块三角形的积木。天天见乐乐紧紧抓住积木不放，便用脚踢翻了乐乐搭的桥，还要伸手去抓乐乐的脸。

看到这一场景，你会觉得很常见，同时也会不知所措。虽然婴幼儿可能明白他们不应该做什么，但是他们还在学习如何控制冲动，因此冲突和发脾气可能会扰乱曾经平和的游戏。教师需要分析天天与乐乐的游戏发展水平及行为表现，准备好帮助他们解决问题，以便他们可以重新进行游戏和探索。为了让婴幼儿能在游戏与学习活动中锻炼其社会交往能力，教师分析了婴幼儿游戏与学习活动，选用"交换"游戏引导孩子。

【游戏目标】

1. 了解故事内容，理解"交换"的意思。
2. 知道交换的好处，能在游戏与学习活动中使用交换。
3. 体验交换带来的快乐，喜欢使用交换进行交往。

从【创设背景】【游戏目标】可以了解教师分析婴幼儿游戏与学习活动的重要性，并在日常生活中关注相关经验与认知，从而明确游戏重点，为创设婴幼儿游戏与学习活动做准备。

| | |
|---|---|
| 设计意图 | 婴幼儿在游戏、玩耍时，经常会出现这样那样的摩擦与纠纷，有的婴幼儿能很好地解决问题，有的则不会。像案例中的两位幼儿的争抢行为，就没有很好地解决问题。了解并分析了婴幼儿游戏与学习活动后，为了引导婴幼儿正确处理社交活动问题，增强他们的社交能力，设计"交换"的游戏 |
| 游戏类型 | 社会游戏 |
| 游戏目的 | 1. 使婴幼儿在游戏中懂得使用交换；<br>2. 提高婴幼儿的社交能力 |
| 游戏场地要求 | 宽敞，温、湿度适宜，干净、安全，适宜开展婴幼儿游戏与学习活动 |
| 游戏规则 | 1. 在平等自愿的条件下和同伴进行交换；<br>2. 游戏过程中不能拥挤，学会排队和使用礼貌用语 |
| 学习小组学生分组名单 | 组长：<br>组员： |

## 二、活动计划

【游戏材料准备】

PPT 故事，胡萝卜、青菜、蘑菇玩具若干，小汽车、芭比娃娃、奥特曼等。

了解所需材料，鉴别其安全性、适宜性，以便及时调整。

| 游戏主题 | 交换 |
| --- | --- |
| 游戏材料 | 材料明细：PPT 故事，胡萝卜、青菜、蘑菇玩具若干；小汽车、芭比娃娃、奥特曼等；<br>消毒方式：喷洒消毒水、清水擦拭、日晒 |
| 预期目标 | 1. 婴幼儿在游戏中能正确使用"交换"物品的方式进行交往；<br>2. 能遵守"交换"游戏的规则；<br>3. 在此类社会游戏中感受尊重、礼貌交往的幸福感 |
| 保育要点 | 1. 环境准备：游戏场地干净整洁、安全无毒，温、湿度适宜，适合开展活动<br>室内温度：26℃　　　　室内湿度：55%<br><br>2. 活动场地存在的安全隐患：<br>地面光滑易滑倒；教室内的桌椅以及储物柜没有进行软包<br><br>3. 婴幼儿准备：<br>状态良好，无哭闹现象，喜欢参与游戏<br><br>4. 教师个人准备：<br>教师着装整齐，修剪好指甲，适宜开展活动 |

## 三、活动实施

【游戏过程】

（一）开始部分

教师：宝贝们，今天老师给你们讲一个故事。（使用多媒体播放 PPT 讲述《交换》故事）

提问：小兔子篮子里原来只有胡萝卜，后来怎么又有青菜和蘑菇呢？

（二）基本部分

1. 教师提问：小兔子是怎么得到青菜和蘑菇的呢？

教师：小兔子用交换的方法换到了青菜和蘑菇，它非常高兴。

2. 教师出示玩具：今天老师带来好多玩具送给小朋友，现在请小朋友们上来每人选择一个你喜欢的玩具。请大家排好队不要拥挤，注意安全。

3. 引出主题"交换"：刚刚老师发现有些小朋友想玩其他小朋友手里的玩具，那我们可以用什么方法拿到别人手里的玩具呢？

4. 教师小结：刚刚很多小朋友都用了好办法换到了自己想玩的玩具，真厉害！

（三）结束部分

教师：小朋友们今天的表现都很棒，学会了"交换"这个大本领。希望小朋友们在以后的交往中，能好好使用这个大本领！

| | |
|---|---|
| 幼儿活动 | 1. 认真听故事《交换》；<br>2. 选择喜欢的玩具；<br>3. 使用"交换"办法换取喜欢的玩具 |
| 教师活动 | 1. 讲述故事《交换》；<br>2. 根据故事创设交换情境，引导幼儿介绍自己想要交换的物品；<br>3. 讲解清楚交换玩具的原则：需在双方自愿的情况下进行交换，交换时需要使用礼貌用语 |
| 保育要点 | 1. 活动过程中有无意外事故发生<br>□有：<br>处理记录：<br><br>☑无<br>2. 记录幼儿换装<br>活动过程中没有进行剧烈运动，无须更换衣物<br><br>3. 记录幼儿的饮水、如厕情况<br>幼儿能自己主动喝水；部分幼儿不愿意上厕所，需要老师和助教带领 |
| 思政情怀 | 1. 在活动中关心、爱护幼儿；<br>2. 在活动过程中认真负责、有较强的组织能力和保育意识 |

## 四、活动检测

| 小组任务 | 小组任务：按照下列格式，综合分析婴幼儿游戏与学习活动的内容，并设计 0~1 岁、1~2 岁游戏各一个，并指出保育要点，上传"学习通" ||
|---|---|---|
| 小组成员 | ||
| 年龄段 | 0~1 岁 | 1~2 岁 |
| 游戏主题 | 动起来（感觉游戏） | 独木桥取物（运动游戏） |
| 活动准备 — 环境准备 | 环境宽敞、明亮，温、湿度适宜，适宜开展活动 | 环境宽敞、明亮，温、湿度适宜，适宜开展活动 |
| 活动准备 — 物料准备 | 舒适、宽敞的婴儿床 1 张，拨浪鼓 1 个 | 浴巾 1 条、毛绒玩具若干、收纳筐 1 个 |
| 活动准备 — 婴幼儿准备 | 婴儿情绪良好、状态稳定，适合参与游戏活动 | 幼儿情绪良好、状态稳定，适合参与游戏活动 |
| 活动计划 | 【游戏材料准备】<br>舒适、宽敞的婴儿床 1 张，拨浪鼓 1 个<br>从【游戏材料准备】了解所需材料，鉴别其安全性、适宜性，以便及时调整 | 【游戏材料准备】<br>浴巾 1 条、毛绒玩具若干、收纳筐 1 个<br>从【游戏材料准备】了解所需材料，鉴别其安全性、适宜性，以便及时调整 |
| 活动实施 | 一、开始部分<br>教师：与婴儿进行语言交流，安抚其情绪。<br>二、基本部分<br>1. 准备<br>教师：把婴儿仰卧在准备好的婴儿床上。<br>2. 出示拨浪鼓<br>教师：先在婴儿一侧耳旁轻轻晃动拨浪鼓，观察婴儿反应；在婴儿另一侧耳旁轻轻晃动拨浪鼓，同样观察婴儿反应。<br>3. 给予回应<br>教师：在婴儿做出反应时，及时给予亲吻鼓励。<br>三、结束部分<br>教师：在游戏中，婴儿的能力发展得很好 | 一、开始部分<br>教师："宝贝们，今天老师给你们带来了好玩的小伙伴哟。"<br>二、基本部分<br>1. 出示独木桥<br>教师：把浴巾铺成宽 15cm 左右的长条，做成独木桥。在独木桥的一端放置一些毛绒玩具，另一端放置一个收纳筐。<br>2. 创设趣味情景<br>教师："娃娃们出来玩了好久了，它们想回家找家长了，但是回家要经过一座小桥。宝贝们可以通过小桥把娃娃们一个一个送回家吗？"<br>3. 引导<br>教师：引导幼儿双脚前后交替走在独木桥上，将毛绒玩具由独木桥的一端送至另一端的收纳箱里。<br>4. 给予回应<br>教师：当幼儿完成"任务"后，要表扬鼓励幼儿，以增加幼儿的自信心。<br>三、结束部分<br>教师：在游戏中，幼儿的能力发展得很好 |

续表

| 保育要点 | 1. 在活动中关心、爱护婴儿；<br>2. 在投放声音时保持10cm左右的距离；<br>3. 创设适宜的游戏环境 | 1. 在活动中能关心、爱护幼儿；<br>2. 创设愉快的游戏环境；<br>3. 能及时给幼儿换汗巾、补充水分 |
|---|---|---|
| 思政情怀 | 在活动的过程中认真负责，有耐心，关心、爱护婴儿，热爱教育岗位 | 在活动的过程中认真负责，有耐心，关心、爱护幼儿，热爱教育岗位 |

## 五、活动评价

班级：　　　　　　姓名：　　　　　　学号：

| 评价标准 | | 评分参考 | 参考分值 | 自评 | 组长评 | 教师评 |
|---|---|---|---|---|---|---|
| 任务完成情况 | | 任务顺利完成，无失误、延误情况 | 0～20 | | | |
| 保育专业知识与技能 | 理论认知 | 理解婴幼儿游戏与学习活动的概念、特点及分类 | 0～6 | | | |
| | 技能掌握 | 能根据婴幼儿身心发展的特点设计并实施游戏，进行活动拓展创编 | 0～6 | | | |
| | 扩展活动 | 能根据不同年龄婴幼儿的需求设置游戏难度，并能实施保育措施 | 0～6 | | | |
| 思政与价值导向 | 保育职业道德 | 自觉遵守纪律，有责任心和荣誉感；能够利用正确的儿童观和教育观撰写活动设计方案，并能关爱和保护婴幼儿 | 0～8 | | | |
| | 家国情怀 | 在活动实施中具有爱国、爱党、爱民的情怀 | 0～8 | | | |
| | 传承中华优秀传统文化 | 在游戏活动中体现讲仁爱、守诚信、崇正义、尊老爱幼的思想情感 | 0～8 | | | |
| | 保育情怀 | 在游戏实施过程中体现耐心、爱心，有谨慎的保育态度 | 0～8 | | | |

续表

| 评价标准 | | 评分参考 | 参考分值 | 自评 | 组长评 | 教师评 |
|---|---|---|---|---|---|---|
| 综合素质与通用能力 | 出勤 | 按时到岗，学习准备就绪，按时到达学习岗位 | 0～5 | | | |
| | 课堂纪律 | 能够参与合作，不缺席，不做与课堂无关的事 | 0～5 | | | |
| | 合作能力 | 能融入集体，有团结协作的精神 | 0～5 | | | |
| | 信息收集能力 | 在学习中积极主动，不怕困难，勇于探索，学习态度认真，虚心好学，能与他人共同协作完成任务 | 0～5 | | | |
| | 沟通表达 | 在完成任务的过程中，遇到问题能共同讨论解决 | 0～5 | | | |
| | 创新能力 | 有强烈的好奇心和探索欲望，在活动中能充分发挥个人特长，设计出具有个性的活动方案 | 0～5 | | | |
| 总分 | | | | | | |
| 自我总评 | | | | | | |
| 小组评价 | 组长签名：_____　_____年_____月_____日 | | | | | |
| 教师总评 | 教师签名：_____　_____年_____月_____日 | | | | | |

# 活动2　婴幼儿游戏与学习活动的环境创设

## 一、活动准备

【案例】

大班幼儿表演游戏的环境创设：小红帽。

【创设背景】

《小红帽》是一个家喻户晓的经典故事，许多小朋友在听家长讲述过这个故事。在全班集体教学活动中，当大家再次听到这个故事，被故事情节所吸引，对故事中的人物和内容十分感兴趣，常常在语言区域活动的时候进行讲述，还伴有自己想象的动作和表情。有些幼儿希望老师能提供材料，让他们制作道具、服装进行表演等。为了能让全体幼儿更积极主动地参与游戏，教师开展了表演游戏"小红帽"的建设。

【游戏目标】

1．乐于参与表演游戏；

2．能与教师共同创设喜欢的游戏环境，并能积极主动地参与游戏环境的建设。

从【创设背景】【游戏目标】可以了解婴幼儿游戏与学习活动的环境创设的重要性，在日常生活中关注相关经验与认知，从而明确婴幼儿游戏与学习活动环境创设的重点，为创设婴幼儿游戏与学习活动做准备。

| | |
|---|---|
| 设计意图 | 《小红帽》是一个家喻户晓的经典儿童故事，流传了一代又一代。许多幼儿在家中也听家长讲述过这个故事。在全班集体教学活动中，再次接触到这个故事后，被其中的情节所吸引，对故事中的人物和内容十分感兴趣，常常在语言区活动的时候进行讲述，还伴有自己想象的动作和表情 |
| 游戏类型 | 表演游戏 |
| 游戏目的 | 1．理解故事内容，能够选择合适的道具进行表演；<br>2．能够在故事表演过程中体会传统故事改编或创编的乐趣 |
| 游戏场地要求 | 1．在较平整、宽阔的室内，地板铺设软垫；<br>2．注意安全及地面清洁卫生，提前排除一切有危险的物品，表演物品有序摆放 |
| 游戏的环境创设要求 | 1．有准备区、服装区、表演区；<br>2．环境创设符合游戏主题，角色分配合理，表演到位 |

续表

| 学习小组学生分组名单 | 组长：<br>组员： |
|---|---|

## 二、活动计划

**【游戏材料准备】**

狼的头饰，草地、大树、沙发床，各种表演道具（丝巾、纸塑料、纸盘、胶水）。了解所需材料，鉴别其安全性、适宜性，以便及时调整。

| 游戏主题 | 小红帽 |
|---|---|
| 游戏材料 | 材料明细：狼的头饰、草地、大树、沙发床、丝巾、纸塑料、纸盘、胶水<br>消毒方式：喷洒消毒水、清水擦拭、日晒 |
| 预期目标 | 1. 在理解文学作品的基础上，能够用故事中的语言进行创造性的表演；<br>2. 鼓励幼儿自主分配角色，学会合作表演，激发幼儿表演的兴趣 |
| 保育要点 | 1. 环境准备：游戏场地干净整洁、安全无毒，温、湿度适宜，适合开展表演活动<br>室内温度：26℃　　　　　　　室内湿度：55%<br><br>2. 活动场地存在的安全隐患：<br>已排除安全隐患<br><br>3. 幼儿准备：<br>状态良好，无哭闹现象，喜欢参与游戏<br><br>4. 教师个人准备：<br>着装整齐，修剪好指甲，适宜开展活动 |

## 三、活动实施

【游戏过程】

（一）幼儿与教师共同布置场景和制作道具

1．回忆故事内容，进行讨论。

教师提问：故事中有谁？每个角色的服装怎样进行设计？故事中有哪些场景？怎样进行布置？

2．分组制作：分为服装组和场景组，共同制作。

3．幼儿合作摆放场景。

（二）幼儿进行表演

1．讨论4个角色的动作和表情，并集体练习。

2．幼儿自主分配角色。

3．在教师的帮助下，幼儿穿好表演服装。

4．幼儿表演，教师观察指导。

要求幼儿能够用语言及动作进行创造性的表演。

（三）结束评价

鼓励幼儿自主进行评价，说说同伴的语言及动作具有哪些创造性的表现，有什么不足之处。

（四）活动延伸

1．提问：你们还听了哪些故事？你最感兴趣的故事是什么？

2．集体讨论并确定下一次表演游戏的内容。请幼儿完整讲述故事，以便进行下次表演游戏。

| | |
|---|---|
| 幼儿活动 | 1．在教师的帮助下，能参与布置场景和制作道具，并合作摆放场景；<br>2．熟悉故事，能记住故事的名称、角色，理解其内容，对故事有完整的印象，能协商分配角色进行表演游戏 |
| 教师活动 | 1．帮助幼儿熟悉故事中的对话，以及角色的动作表情；<br>2．观察指导幼儿的表演，激发幼儿学习和表演的兴趣；<br>3．帮助幼儿布置场景和制作道具，指导幼儿创设表演活动场景 |

续表

| | |
|---|---|
| 保育要点 | 1. 活动过程中有无意外事故发生：<br>□有：<br>处理记录：<br><br><br>☑无<br>2. 记录幼儿换装：<br>游戏结束后更换汗巾、衣服<br><br>3. 记录幼儿的饮水、如厕情况：<br>幼儿在集体活动结束后统一上厕所、喝水 |
| 思政情怀 | 合作意识的培养<br>艺术审美的培养 |

## 四、活动检测

| 小组任务 | 按照下列格式，综合运用所学，补充"爬行动物表演""拔萝卜""狐狸和兔子"表演游戏的相关内容，上传"学习通" |||
|---|---|---|---|
| 小组成员 | | | |
| 年龄段 | 1岁 | 2岁 | 3岁 |
| 游戏主题 | 爬行动物表演 | 拔萝卜 | 狐狸和兔子 |
| 活动准备 / 环境准备 | 用垫子铺设3条爬行道，设置终点 | 彩条（作小桥）2条、拱形门（作山洞）1个 | 宽阔的、平坦的场地，冰屋和树皮屋 |
| 活动准备 / 物料准备 | 垫子、气球、球门若干 | 小兔和其他头饰若干、胡萝卜若干、塑料圈若干 | 小兔、公牛、小狗、熊、狐狸、公鸡的服装和头饰，公鸡的镰刀 |
| 活动准备 / 幼儿准备 | 穿着适合运动的宽松衣物，准备汗巾、饮用水 | 穿着合适表演的宽松衣物，汗巾、饮用水 | 穿着合适表演的宽松衣物，汗巾、饮用水 |

续表

| | | | | |
|---|---|---|---|---|
| 活动计划 | 【游戏材料准备】<br>将垫子放在教室中间，铺成3条不同爬行道，在爬行道路的两边放置气球，幼儿可伸手触及；将球门放置于爬行道的终点<br>【预期目标】<br>在表演的游戏环境中学习爬、跳等动作，发展幼儿的跳、爬、平衡等能力 | 【游戏材料准备】<br>布置好场地，以及红白两色萝卜、小桥（平衡木）、胡萝卜地（绿色积木）；胡萝卜分散在场地一端<br>【预期目标】<br>在表演的游戏环境中练习拔萝卜、手推独轮车等大动作；在游戏中学会与他人合作 | 【游戏材料准备】<br>将小兔、公牛、小狗、熊、狐狸、公鸡的服装和头饰分发给幼儿，将冰屋和树皮屋放置于教室的不同位置，将镰刀放置在安全位置<br>【预期目标】<br>在表演游戏中掌握跑、跳、扑等动作；在表演游戏中体会表演的乐趣 |
| 活动实施 | 1. 导入：教师与幼儿边念儿歌边做动作，"小乌龟地上爬，毛毛虫叶上爬，小猴子树上爬，小蛇本领大，树上地上都能够爬到。"<br>2. 提问：今天小动物们要开表演会了，小乌龟来了，毛毛虫也来了，它们是怎么爬的呢？<br>教师小结：小乌龟和毛毛虫爬的方法是不一样的，我们看一看他们爬行的方法。<br>3. 学爬行<br>（1）教师示范（可请个别幼儿示范）。<br>教师小结：小乌龟的爬行方法是手膝着地，慢慢地往前爬；毛毛虫的爬行方法是手部和腹部着地，向前移动。<br>（2）幼儿自由学小乌龟和毛毛虫爬行，教师指导能力弱的幼儿。<br>4. 教师小结，活动结束 | 1. 导入：出示道具大萝卜，引发兴趣。<br>教师："老公公种的大萝卜丰收了，他一个人拔不动，需要大家帮忙，请听歌曲《拔萝卜》。"<br>2. 幼儿安静地倾听旋律，感受旋律的生动、活泼。<br>3. 教师用生动、跳跃的声音清唱歌曲，让幼儿熟悉歌曲的内容和角色。幼儿可以跟着拍拍手、跺跺脚，做做想做的动作。<br>4. 表演游戏<br>（1）分段练习表演：教师带领幼儿扮演每个角色，按照表演的顺序，展示角色的语言、动作、表情。<br>（2）全班幼儿一起表演一次。<br>（3）教师分发头饰，幼儿分组表演，教师观察指导。<br>5. 教师小结，活动结束 | 1. 引导幼儿一起准备头饰、布景、玩具等，布置游戏的场景，以激发和调动幼儿玩游戏的愿望和积极性。<br>2. 教师向幼儿介绍游戏的场地、道具的使用方法及游戏材料的摆放、收拾等，培养幼儿的良好游戏习惯。<br>3. 引导幼儿通过协商来选择所扮演的角色，不可强迫幼儿表演不愿意扮演的角色。教师有意识地引导、吸引语言能力发展较差的幼儿玩表演游戏，以促进他们语言能力的发展；鼓励能力较强的幼儿运用动作和表情进行生动的表演。<br>4. 评价游戏情况及有所进步的幼儿 |

续表

| | | | |
|---|---|---|---|
| 环境创设要点 | 1．物质环境：游戏场地干净整洁、安全无毒，温、湿度适宜，开阔平整；<br>2．精神环境：有相关的爬行动物头饰、服装，在活动中播放合适的音乐 | 1．物质环境：游戏场地干净整洁、安全无毒，温、湿度适宜，开阔平整；<br>2．精神环境：有相关角色的服饰，在活动中播放合适的音乐 | 1．物质环境：游戏场地干净整洁、安全无毒，温、湿度适宜，开阔平整；<br>2．精神环境：有相关角色的服饰，在活动中播放合适的音乐 |
| 保育要点 | 1．排查活动场地存在的安全隐患：如地面是否过滑、是否适合幼儿爬行等；<br>2．幼儿准备：穿着长袖衣服，保护爬行时与地面接触的手脚；穿着适合运动的宽松衣物；准备汗巾或衣物、饮用水；<br>3．活动结束后的保育工作：组织幼儿更换汗巾或衣物、活动材料的整理和清洁，活动场地的清洁、消毒 | 1．排查活动场地存在的安全隐患：如地面是否过滑，是否适合幼儿进行跑跳活动；<br>2．幼儿准备：穿着宽松衣物，方便动作；在早教教室内需穿好防滑鞋袜；准备汗巾或衣物、饮用水；<br>3．活动结束后的保育工作：组织幼儿更换汗巾或衣物、活动材料的整理和清洁，活动场地的清洁、消毒 | 1．排查活动场地存在的安全隐患：如地面是否过滑，是否适合幼儿进行跑跳活动；<br>2．幼儿准备：穿着宽松衣物，方便动作；在早教教室内需穿好防滑鞋袜；准备汗巾或衣物、饮用水；<br>3．活动结束后的保育工作：组织幼儿更换汗巾或衣物、活动材料的整理和清洁，活动场地的清洁、消毒 |
| 思政情怀 | 1．生活自理能力：通过爬行表演游戏，有效地培养幼儿身体的适应能力、初步的独立生活能力、控制和调节自身行为的能力；<br>2．社会性发展：通过参与集体活动，初步发展社会性，萌发与人交往的兴趣 | 1．生活自理能力：通过故事表演，有效地培养幼儿控制和调节自身行为的能力，锻炼手部力量和平衡感；<br>2．社会性发展：通过参与集体活动，初步发展合作意识，感受与人交往的乐趣 | 1．生活自理能力：通过表演游戏，有效地培养幼儿身体的适应能力、控制和调节自身行为的能力；主要锻炼幼儿跑、跳等大动作能力；<br>2．社会性发展：通过参与集体活动，明白遇到困难不要害怕的道理，体会同伴互帮互助的意识 |

## 五、活动评价

班级：　　　　　　　姓名：　　　　　　　学号：

| 评价标准 | 评分参考 | | 参考分值 | 自评 | 组长评 | 教师评 |
|---|---|---|---|---|---|---|
| 任务完成情况 | 任务顺利完成，无失误无延误情况 | | 0～20 | | | |
| 保育专业知识与技能 | 理论认知 | 能理解婴幼儿游戏与学习活动的概念、特点及分类 | 0～6 | | | |
| | 技能掌握 | 能够根据婴幼儿身心发展的特点设计并实施角色游戏，进行活动拓展创编 | 0～6 | | | |
| | 扩展活动 | 能够根据不同年龄婴幼儿的需求加深游戏难度，并能实施保育措施 | 0～6 | | | |
| 思政与价值导向 | 保育职业道德 | 自觉遵守纪律，有责任心和荣誉感；能够利用正确的儿童观和教育观撰写活动设计方案，并能关爱幼儿和保护幼儿 | 0～8 | | | |
| | 家国情怀 | 在活动实施中具有爱国、爱党、爱民的情怀 | 0～8 | | | |
| | 传承中华优秀传统文化 | 在游戏活动中体现讲仁爱、守诚信、崇正义、尊老爱幼的思想情感 | 0～8 | | | |
| | 保育情怀 | 能在游戏实施过程中体现耐心、爱心、谨慎的保育态度 | 0～8 | | | |
| 综合素质与通用能力 | 出勤 | 按时到岗，学习准备就绪，个人/成员按时到达学习岗位 | 0～5 | | | |
| | 课堂纪律 | 能够参与合作，不缺席，不做课堂无关的事 | 0～5 | | | |
| | 合作能力 | 能融入集体，有团结协作的精神 | 0～5 | | | |

续表

| | | | | | | |
|---|---|---|---|---|---|---|
| 综合素质与通用能力 | 信息收集能力 | 在学习中积极主动，不怕困难，勇于探索，学习态度认真，虚心好学，共同协作完成 | 0～5 | | | |
| | 沟通表达 | 在完成任务的过程中，遇到问题能共同讨论解决 | 0～5 | | | |
| | 创新能力 | 有浓厚的好奇心和探索欲望，在活动中充分发挥个性特长，创造出具有个性的活动设计方案 | 0～5 | | | |
| 总分 | | | | | | |
| 自我总评 | | | | | | |
| 小组评价 | 组长签名：＿＿＿＿＿＿　＿＿＿＿年＿＿＿月＿＿＿日 | | | | | |
| 教师总评 | 教师签名：＿＿＿＿＿＿　＿＿＿＿年＿＿＿月＿＿＿日 | | | | | |

# 活动3  婴幼儿游戏与学习活动保育的实施

## 一、活动准备

【案例】

幼儿游戏：蚂蚁搬豆。

【创设背景】幼儿非常活泼可爱，喜欢蹦跳、爬行，但是幼儿的动作还不协调。根据幼儿思维形象化，对扮演小动物非常感兴趣的特点，设计游戏"蚂蚁搬豆"，以"帮助蚂蚁"的主题贯穿整个活动。

【游戏目标】

1．乐于扮演角色。

2．喜欢体育活动，感受运动游戏的愉快。

3．在爬行的游戏中，能平稳地控制自己的身体。

从【创设背景】【游戏目标】可以了解游戏从何而来，在日常生活中关注相关经验与认知，从而明确游戏重点，为教师指导游戏做准备。

| 设计意图 | 让幼儿在轻松愉快的气氛中锻炼身体机能，使动作变得协调 |
|---|---|
| 游戏类型 | 体育游戏 |
| 游戏目的 | 练习手膝着地向前爬行，锻炼幼儿腿部力量，培养幼儿的灵敏性、协调性和平衡能力 |
| 游戏场地要求 | 室内较平整、宽阔的木地板活动场所，注意安全及地面清洁卫生；收拾好一切有危险的物品 |
| 游戏规则 | 通过蚂蚁囤积粮食的情境，体验爬行时以拖带物体的方式努力坚持爬到目的地 |
| 学习小组学生分组名单 | 组长：<br>组员： |

## 二、活动计划

【游戏材料准备】

小蚂蚁的纸质头饰每人 1 个，豆豆（串珠、沙袋、积木）若干，大筐 3 个。大筐摆放在队伍面前，将豆豆投放在距离大筐 7 米的位置。

了解所需材料，鉴别其安全性、适宜性，以便及时调整。

| 游戏主题 | 蚂蚁搬豆 |
| --- | --- |
| 游戏材料 | 材料明细：纸质头饰、串珠、沙袋、积木、大筐<br>消毒方式：喷洒消毒水、日晒 |
| 预期目标 | 使幼儿掌握手膝着地向前爬行的本领 |
| 保育要点 | 1．环境准备：游戏场地干净整洁、安全无毒、温、湿度适宜，适合开展活动<br>室内温度：26℃　　　　　　　室内湿度：55%<br><br>2．活动场地存在的安全隐患：<br>地面不够平整，有细小垃圾，地面过凉或过硬<br><br>3．幼儿准备：<br>状态良好，无哭闹现象，喜欢参与游戏<br><br>4．教师个人准备：<br>着装整齐，修剪好指甲，适宜开展活动 |

## 三、活动实施

【游戏过程】

1．游戏：小小蚂蚁兵操练

（1）幼儿围大圆圈站立，交代蚂蚁角色：我们是蚂蚁兵，看看哪个蚂蚁兵本领最大。

（2）放进行曲音乐，"小蚂蚁"随着音乐向前走，接着听教师的口令做上肢动作、下肢动作、转体动作、腹背动作、跳跃动作。

2．了解游戏的玩法和规则

（1）交代情境：冬天到了，蚂蚁们要准备过冬的粮食，今天的任务就是要到远处搬

"豆豆"回家。

（2）介绍游戏玩法：说明豆豆（串珠等）和大筐的位置，场地的另一端有许多豆豆，请小朋友扮蚂蚁爬过去，将豆豆拿回来放在筐子里，要求每人每次只能拿一个豆豆。

（3）幼儿在场地的一端集合，教师提醒幼儿将拿来的豆豆放在靠近自己队伍的大筐里。

3．游戏：蚂蚁搬豆

（1）教师示范直线爬行和取放豆豆的过程。

（2）引导幼儿分批开展蚂蚁搬豆的游戏。

（3）教师将豆豆（沙袋）往后放约 1.1m，鼓励幼儿要爬得更快更远，游戏方法同前。

（4）教师再将豆豆（积木）往后放 1.1m，游戏方法同前。

4．分享胜利

大家围坐在垫子上，开开心心分享胜利；教师进行评价、表扬。

| | |
|---|---|
| 幼儿活动 | 听口令做热身运动；手膝着地向前爬行，搬运"粮食"放到筐中 |
| 教师活动 | 带领幼儿做热身运动；示范蚂蚁搬豆的爬行和取放豆豆的过程；注意幼儿是否有拥挤、摔跤的情况，注意幼儿是否正确使用豆豆 |
| 保育要点 | 1．活动过程中有无意外事故发生：<br>☑有：幼儿将豆豆放入口中；幼儿拥挤<br>处理记录：<br>及时制止幼儿将游戏道具放入口中，并将幼儿的嘴擦拭干净；<br>及时拉开幼儿爬行的距离，引导幼儿保持距离爬行<br><br>□无<br>2．记录幼儿换装：<br>幼儿爬行中出汗，更换汗巾<br><br>3．记录幼儿的饮水、如厕情况：<br>幼儿集体休息喝水 1 次、如厕 1 次 |
| 思政情怀 | 引导幼儿懂得遵守规则，鼓励幼儿在游戏中努力爬得更快更远，培养坚持不懈的优秀品质 |

## 四、活动检测

| 小组任务 | | 按照下列格式，综合运用所学，分别创设 1～2 岁、2～3 岁游戏场景各一个，并指出保育要点，上传"学习通" | |
|---|---|---|---|
| 小组成员 | | | |
| 年龄段 | | 1～2 岁 | 2～3 岁 |
| 游戏主题 | | 小白兔采蘑菇 | 摸摸××跑回来 |
| 活动准备 | 环境准备 | 搭建小沟、斜坡、山洞 | 宽阔、平坦的场地 |
| | 物料准备 | 幼儿人手一个塑料圈、纸质蘑菇 | 布娃娃 5 个、红色球 5 个、绿色球 5 个、蓝色椅子 5 个、其他玩具若干 |
| | 幼儿准备 | 穿着摩擦力较大的鞋子、适合运动的宽松衣物，准备汗巾、饮用水 | 穿着适合爬行的衣物，准备汗巾、饮用水 |
| 活动计划 | | 【游戏材料准备】每人一个纸质小兔子头饰和塑料圈，纸质蘑菇若干，斜坡 3 个、山洞 3 个；将蘑菇随机投放在斜坡、山洞附近。<br>【预期目标】练习双脚立定向前蹦跳，提高动作协调性 | 【游戏材料准备】<br>在宽敞的场地投放布娃娃、球、椅子、其他玩具<br>【预期目标】<br>听清指令，迅速做到定向跑动 |
| 活动实施 | | 1．开始部分<br>　教师带领幼儿听着音乐做韵律活动："宝宝们，天亮了，让我们来伸伸懒腰。"<br>2．游戏过程<br>　（1）以故事形式让幼儿在活动中探索双脚并拢立定向前跳的方法。<br>　兔妈妈："今天天气真正好，妈妈带小兔一起去采蘑菇，但是蘑菇地四周都是小沟，怎么办呢？可以跳过去。每人有一个塑料圈，用塑料圈搭建一座桥，跳过去。"<br>　教师示范搭桥、跳跃。教师注意指导幼儿双脚并拢，两手可以前后摆动，用力向前跳起，这样就能跳过小沟。 | 1．开始部分<br>　教师带领幼儿做热身活动，开火车进场，并有目的地绕场一圈。<br>　在绕圈过程中引导幼儿认识场地中不同的玩具及其颜色。询问幼儿："乘着火车，一路上看到了什么？它们是什么颜色的？"<br>2．游戏过程<br>　（1）教师讲解游戏规则。<br>　教师："玩一个有趣的游戏，名叫'摸摸××跑回来'"。听老师指令让小朋友去摸什么颜色的东西，小朋友就以最快的速度，去摸那个东西然后跑回来。 |

续表

| | | |
|---|---|---|
| 游戏特点 | （2）以游戏"小白兔采蘑菇"的形式复习跳、钻、爬等动作。<br>教师带领幼儿采蘑菇。跳过小沟，爬过山坡，钻过山洞，才能采到蘑菇，跳的时候双脚并拢向前用力跳起，爬山坡时要手、膝盖着地爬，钻山洞到头，身体不能碰到山洞。<br>教师带领幼儿集体游戏，反复进行两次。<br>3. 结束活动<br>教师带领幼儿："跟着音乐来跳舞吧，小白兔听着音乐跟着妈妈跳着舞离开场地。" | 幼儿分小组进行听指令游戏。<br>（2）开始游戏。<br>提醒幼儿在游戏过程中注意安全，不碰撞，不争抢。视情况进行若干次游戏。<br>3. 放松活动<br>大家一起坐在场地上互相按摩，放松筋骨 |
| 保育要点 | 1. 环境准备：游戏场地干净整洁、安全无毒，温、湿度适宜，适合开展活动；<br>2. 排查活动场地存在的安全隐患：如地面是否过滑、幼儿起跳是否容易摔跤；<br>3. 幼儿准备：穿着摩擦力较大的鞋子，适合运动的宽松衣物，准备汗巾、饮用水；<br>4. 教师个人准备：打扫地面，清洁卫生，收好一切有危险的物品 | 1. 环境准备：游戏场地干净整洁安全无毒，温湿度适宜，适合开展活动。<br>2. 排查活动场地存在的安全隐患：如地面是否过滑、幼儿跑动是否容易摔跤；<br>3. 幼儿准备：穿着摩擦力较大的鞋子、适合运动的宽松衣物，准备汗巾、饮用水；<br>4. 教师个人准备：打扫地面，清洁卫生，收好一切有危险的物品 |
| 思政情怀 | 通过游戏，增强幼儿热爱参加体育活动的情感，培养积极向上、勇于克服困难的性格 | 在定向跑过程中感受不同体育运动带来的快乐，培养听指令、懂规则的意识 |

## 五、活动评价

班级：　　　　　　　姓名：　　　　　　　学号：

| 评价标准 | 评分参考 | 参考分值 | 自评 | 组长评 | 教师评 |
| --- | --- | --- | --- | --- | --- |
| 任务完成情况 | 任务顺利完成，无失误、延误情况 | 0~20 | | | |
| 保育专业知识与技能 | 理论认知 | 理解游戏保育的重要性、方法及特点 | 0~6 | | | |
| 保育专业知识与技能 | 技能掌握 | 能根据婴幼儿身心发展的特点设计并实施游戏保育措施，抓住活动的保育要点 | 0~6 | | | |
| 保育专业知识与技能 | 扩展活动 | 能根据不同年龄婴幼儿的需求实施保育措施 | 0~6 | | | |
| 思政与价值导向 | 保育职业道德 | 树立游戏前、游戏中、游戏后的幼儿保育照护职业道德意识，能及时关注幼儿保育需求 | 0~8 | | | |
| 思政与价值导向 | 集体意识 | 在活动实施中具有热爱集体、热爱生活的情怀 | 0~8 | | | |
| 思政与价值导向 | 保育情怀 | 能在游戏实施过程中体现耐心、爱心，有谨慎的保育态度 | 0~8 | | | |
| 综合素质与通用能力 | 出勤 | 按时到岗，学习准备就绪，按时到达学习岗位 | 0~5 | | | |
| 综合素质与通用能力 | 课堂纪律 | 能够参与合作，不缺席，不做与课堂无关的事 | 0~5 | | | |
| 综合素质与通用能力 | 合作能力 | 能融入集体，有团结协作的精神 | 0~5 | | | |
| 综合素质与通用能力 | 信息收集能力 | 在学习中积极主动，不怕困难，勇于探索，学习态度认真，虚心好学，与他人共同协作完成任务 | 0~5 | | | |
| 综合素质与通用能力 | 沟通表达 | 在完成任务的过程中，遇到问题能共同讨论解决 | 0~5 | | | |

续表

| 综合素质与通用能力 | 创新能力 | 有强烈的好奇心和探索欲望，在活动中充分发挥个人特长，设计出具有个性的活动方案 | 0～5 | | | |
|---|---|---|---|---|---|---|
| 总分 | | | | | | |

| 自我总评 | |
|---|---|

| 小组评价 | 组长签名：_____  _____年_____月_____日 |
|---|---|

| 教师总评 | 教师签名：_____  _____年_____月_____日 |
|---|---|

# 任务拓展

## 一、知识拓展

游戏是幼儿与环境相互作用的形式，影响幼儿游戏的因素可以分为环境因素和个体因素两大类，其中，环境因素又可分为物理环境因素和社会因素两个方面。[1]

影响幼儿游戏的物理环境因素包括游戏场地、游戏材料及游戏时间等。个体因素对幼儿游戏的影响往往是内在的，如年龄、性别、身体状况等。

| 类　别 | 因　素 | 注意事项 |
| --- | --- | --- |
| 物理环境因素 | 游戏场地 | 室内游戏需注意空间密度、结构，户外游戏需注意场地的开阔性、安全性 |
| | 游戏材料 | 模拟实物的玩具材料可引发想象性游戏。玩具材料的数量会引发婴幼儿的游戏合作方式。同种玩具数量较少时，在低龄幼儿中容易引发纠纷，而在年长幼儿中则容易引发社会性装扮游戏；同种玩具数量较多时，在低龄幼儿中会引发平行的技能性游戏，而在年长幼儿中则可能改变游戏合作的方式，成为团体性游戏。玩具材料的特征也易产生影响，形象性玩具往往引发装扮游戏，主题内容受材料的暗示；半成品、非形象性玩具也会引发装扮游戏，但不限于固定的主题，游戏具有更多的变化和创造性 |
| | 游戏时间 | 只有通过较长时间（约30分钟）的游戏，幼儿才能逐渐发展出社会和认知层次较高的游戏形式，包括完整的游戏活动、团体游戏、建构游戏；而在较短时间（约15分钟）的游戏中，幼儿无法与同伴有更多交流和合作，会表现出低层次游戏形式，包括平行游戏、旁观、无所事事、转换行为等 |
| 个体因素 | 年龄差异 | 因体能、认知、语言、社会性等身心发展的诸多方面处于不同的阶段，不同年龄的幼儿游戏表现出不同的具体方式和发展水平 |

---

[1] 邱金凤，周子莉.幼儿游戏与指导[M].北京：首都师范大学出版社：2019：20.

续表

| | | |
|---|---|---|
| 个体因素 | 性别差异 | 幼儿因性别不同而表现出不同的特点和发展倾向，这种游戏上的性别差异在幼儿出生后的第二年就开始出现，以后随年龄增长而日趋明显，主要表现为对玩具、游戏的活动类型和游戏的主题及扮演角色等方面的不同偏爱 |
| | 个体差异 | 幼儿的个性（气质、性格、能力等），以及情感、社会性等心理特征所表现出来的相对稳定的倾向性不同，使得幼儿对游戏的兴趣和游戏的风格等表现出不同的倾向性特征，即在游戏中表现出明显的个体差异 |

## 二、技能拓展

李老师设计了一个"三只蝴蝶"的游戏活动。她选了三名幼儿扮演蝴蝶，又选了若干幼儿扮演花朵。结果，幼儿兴趣不高，表现被动。还没等游戏结束，一名幼儿问李老师："老师，游戏完了吗？我们可以自己玩了吗？"对于这种现象，请从幼儿游戏特征和游戏指导的角度进行论述。

## 三、思政拓展

在玩游戏的时候，果果不愿意遵守游戏规则，在游戏中经常耍赖，小朋友们都不愿意和他玩。这时教师应该怎么引导果果遵守游戏规则呢？

## 任务测试

### 一、选择题

1. 美国心理学家霍尔提出（　　），认为游戏是对种族过去获得习惯的延续和再现。
   A．复演说　　　　　　　　　B．成熟势力说
   C．剩余精力说　　　　　　　D．生活预备说

2. 在婴幼儿游戏分类中，独自游戏是按（　　）进行分类的。
   A．社会性发展　　B．内容　　C．认知发展　　D．能力

3. 幼儿喜欢穿着妈妈的高跟鞋，表现妈妈出门上班的场景；或者用毛巾围在身上，想象自己是个小厨师。这属于（　　）。
   A．感觉运动游戏　　　　　　B．结构性游戏
   C．象征性游戏　　　　　　　D．益智游戏

4. 认为游戏是幼儿的本能是（　　）。
   A．游戏概念的非自觉化　　　B．游戏的社会性本质观
   C．生物性本质观　　　　　　D．生物本位论

5. 婴幼儿期的主要游戏形式是（　　）。
   A．象征性游戏　　　　　　　B．感觉运动游戏
   C．结构性游戏　　　　　　　D．规则游戏

6. 幼儿通过摆弄玩具或物品获得控制世界的感觉和自我概念属于（　　）。
   A．小世界的游戏阶段　　　　B．自我世界的游戏观阶段
   C．大世界的游戏阶段　　　　D．虚拟世界的游戏阶段

7. 1962年，卢梭在（　　）一书中指出，环境是影响幼儿成长与学习的关键因素。
   A．《爱弥儿》　　　　　　　B．《童年的秘密》
   C．《教育漫话》　　　　　　D．《儿童的一百种语言》

8. 婴幼儿搭建积木、玩插塑、沙子筑碉堡等属于（　　）。
   A．规则游戏　　　　　　　　B．感觉运动游戏
   C．结构性游戏　　　　　　　D．体育游戏

9. 婴幼儿期可分为（　　）婴儿期以及1~3岁幼儿期。
   A．0~1岁　　B．0~2岁　　C．0~6个月　　D．1~2岁

10．婴幼儿游戏环境创设必须反映婴幼儿身心发展水平及特点，适宜婴幼儿年龄特点及个体差异，以使每个婴幼儿都获益，在原有水平的基础上得到发展。这遵循了（　　）。

  A．安全性原则       B．适宜性原则

  C．教育学原则       D．参与性原则

## 二、填空题

1．1～3岁幼儿游戏环境创设的原则有安全性原则、_____、教育性原则、_____、参与性原则、经济环保原则、_____。

2．2～3岁幼儿身心发展与教育从四个领域描述了其核心能力的教育，分别是认知发展与教育、_____、_____、_____。

3．在婴儿动作发展与教育中，核心能力发展主要包括_____、_____、生活动作这三部分。

4．婴儿社会性发展与教育核心能力内容中的社会情感主要包含_____和_____。

5．婴幼儿期游戏环境创设中的幼儿期特指12～36月龄，这一阶段可分为_____与_____。

## 三、名词解释

1．婴幼儿游戏

2．婴幼儿学习活动

## 四、简答题

1. 简述婴幼儿游戏与学习活动的特点。

2. 简述婴幼儿游戏与学习活动的分类。

## 五、参考答案（扫描二维码获取）

## 任务二　0~3岁亲子游戏与学习活动保育

### 任务目标

1. 知识目标

（1）了解0~3岁亲子游戏与学习活动的类型和意义。
（2）理解0~3岁婴幼儿大动作、精细动作、认知、社会与语言发展的意义和特点。
（3）掌握0~3岁婴幼儿大动作游戏、精细动作游戏、认知游戏、社会与语言游戏与学习活动的设计及保育要点。

2. 技能目标

（1）能根据0~3岁婴幼儿的发展特点设计相应的亲子游戏活动。
（2）尝试模拟组织各类0~3岁亲子游戏活动。
（3）能在0~3岁亲子游戏的组织和实施过程中正确进行保育工作。

3. 思政目标

（1）培养职业道德规范，热爱幼儿，热爱幼教事业，培养爱岗敬业的职业精神。
（2）培养包括认真负责的工作态度、较强的组织能力和动手能力的综合职业素养。
（3）树立科学的儿童观和教育观，认同亲子游戏与学习活动对婴幼儿成长的价值。

### 任务学时

本任务共16学时。

### 任务描述

0~3岁是人生最重要的启蒙时期。游戏是婴幼儿的天性，也是婴幼儿发展的重要手段。其中，亲子游戏对婴幼儿的智力开发和身体发育起着举足轻重的作用。

亲子游戏是指家长与婴幼儿以亲子情感为基础进行的一种活动，是亲子交往的重要形式。0～3岁亲子游戏包括大动作游戏、精细动作游戏、认知游戏、社会与语言游戏。

0～3岁亲子游戏有益于亲子之间的感情交流，可密切亲子关系，促进婴幼儿的健康发展。它有以下几个特点：一是能够启发孩子的智慧；二是家长要能和孩子平等地参与游戏；三是游戏的形式应该注重相互配合，家长能自然而然地引发孩子智能的发展；四是游戏的整个过程要能够给孩子和家长双方都带来乐趣。

本任务详细介绍0～3岁亲子游戏的分类、作用与功能、组织与指导、游戏过程中的保育要点。学习者结合幼教机构、早教机构的具体案例，理解并运用0～3岁亲子游戏的指导要点，完成大动作游戏、精细动作游戏、认知游戏、社会与语言游戏等亲子游戏的实施和保育工作；参照《托育机构保育指导大纲（试行）》《育婴员国家职业技能标准》《保育师国家职业技能标准（2021年版）》《幼儿照护职业技能教材（中级）》（湖南科学技术出版社出版），确定0～3岁亲子游戏对应的保育技能要点，通过完成任务的方式掌握幼儿照护职业技能等级证书（初级）考试的相关内容。

# 知识储备

## 一、亲子游戏概述

亲子游戏是家庭内父母（包括血亲关系的亲生父母与拟血亲关系的继父母与养父母）与孩子，以亲子情感为基础进行的一种活动，是亲子交往的重要形式。

在婴幼儿游戏的发展过程中，亲子游戏是婴幼儿出生以后最早出现的游戏，它为亲子之间的沟通架起了桥梁，既是家庭氛围的良好"润滑剂"，也是促进婴幼儿健康成长的重要教育资源。

### 1. 0～3岁亲子游戏的概念及意义

|  | 概　念 | 意　义 |
| --- | --- | --- |
| 0～3岁亲子游戏 | 由专业早教人员有目的、有计划、有组织地指导家长开展的，具有互动性的亲子游戏与学习活动，旨在普及科学的育儿理念和方法，促进0～3岁婴幼儿积极、主动发展的一种具有现场示范性、指导性、实践性的游戏活动 | 1. 满足婴幼儿的安全需要、社交需要；<br>2. 满足婴幼儿自我实现的需要；<br>3. 有利于亲子之间的情感交流；<br>4. 有利于婴幼儿身心的健康成长；<br>5. 有利于激发婴幼儿的潜能 |

## 2. 0～3岁亲子游戏的类型

0～3岁亲子游戏对婴幼儿有着重要的意义。随着婴幼儿大脑的不断发展、身体的逐步发育，大动作、精细动作、认知、语言、社会等各方面能力都不断增强。学前期是婴幼儿动作发展、口语发展等多方面的发展关键期，为更好地促进婴幼儿全面健康发展，应及早对婴幼儿进行各方面的教育与养护。0～3岁婴幼儿亲子游戏包括大动作游戏、精细动作游戏、认知游戏、社会游戏与语言游戏（具体内容可扫描相应二维码阅读）。

| 类型 | 概念 |
| --- | --- |
| 大动作游戏 | 大动作是指四肢与躯干的粗大动作，如抬头、翻身、坐、爬、站、走、跑、跳等。大动作游戏是指根据大动作发展的规律和特点，创设一定的环境，由教师指导家长与婴幼儿进行大动作游戏的活动内容与方法。扫描二维码可观看大动作游戏 |
| 精细动作游戏 | 精细动作主要是指手腕、手指、手掌的运动及手眼协调操作物体的动作，包括摸、抓、拿、握、敲、捏、取、撕、拼、插等。精细动作游戏是指根据婴幼儿精细动作发展的规律和特点，由教师指导家长与婴幼儿进行精细动作游戏的活动内容与方法 |
| 认知游戏 | 认知是人最基本的生理过程，包括感觉、知觉、记忆、想象、思维等。认知游戏是指为了促进0～3岁婴幼儿认知的发展，在教师指导下，由婴幼儿和家长共同参与进行的一系列有目的、有计划的教育游戏活动 |
| 社会游戏 | 婴幼儿社会性包括社会认知、社会情感、社会行为等。社会游戏是指照护者有目的、有计划地对婴幼儿施加适当的教育影响，引导婴幼儿积极主动地进行社会游戏与学习，增进婴幼儿在社会认知、社会情感、社会行为技能等方面发展的过程。扫描二维码可观看社会游戏 |
| 语言游戏 | 语言是用于沟通的符号系统，这些符号通过语法规则组织在一起，传达特定的意义。婴幼儿语言发展，主要是指婴幼儿对母语的理解和表达能力的发展。语言游戏是指根据婴幼儿各月龄阶段语言发展的特点、婴幼儿语言获得和语言发展的规律，确定婴幼儿语言学习与发展的核心经验，促进婴幼儿语言发展的活动 |

# 二、0~3岁幼儿早期发展指导

掌握婴幼儿动作发展的特点和规律，能够帮助家长科学教养婴幼儿，同时可以增进亲子之间的情感，从而有效保障婴幼儿健康、快乐地成长。

1. 婴幼儿大动作和精细动作发展的意义、特点及规律

| 类型 | 意义 | 特点 | 规律 |
|---|---|---|---|
| 婴幼儿大动作发展 | 1. 促进大脑的发育 | 1～7月龄以原地运动为主（3月龄可以头部直立，4～6月龄会翻身，6月龄能双手前撑坐，7月龄可放手独坐） | 从整体到分化，从不随意到随意，从不准确到准确 |
| | 2. 增强婴幼儿的体质和体能 | 7～18月龄以位移运动为主（8月龄会爬，9月龄会站立，12月龄会扶走或独立走，15月龄可后退行走，18月龄可牵着成人的手上下楼梯） | 从上到下，从近到远，从粗到细 |
| | 3. 有利于培养婴幼儿的良好个性 | 18～36月龄以技能运动为主（2岁能跑、会踢球、投掷；2岁半会独自上楼梯，会用脚尖行走；3岁能单脚站立、走平衡木，可从高处向下跳） | 从依靠到独立 |
| | 4. 促进婴幼儿交往能力的发展 | | |
| 婴幼儿精细动作发展 | 1. 促进婴幼儿认知能力的发展 | 1～6月龄是抓、握动作的发展时期 | 从满手抓握到用拇指与其他四指对握，再到用食指与拇指对捏 |
| | 2. 促进婴幼儿大脑的发育 | 6～12月龄是拍打、敲击、取物、扔物等动作的发展时期 | |
| | 3. 有利于婴幼儿学习能力的提高 | 12～24月龄是套圈、翻书、勺舀、套叠、旋转等动作的发展时期 | |
| | | 24～36月龄是简单构建、拼拆、捏搓、折叠、图画等动作的发展时期 | |

2. 婴幼儿大动作游戏和精细动作游戏的设计原则及注意事项

| 游戏类型 | 原则 | 注意事项 |
|---|---|---|
| 大动作游戏 | 发展性原则（设计的游戏训练难度要略高于现有发展水平） | 要有计划，且持之以恒 |
| | 快乐性原则（培养婴幼儿的兴趣） | 根据年龄特点选择合适的游戏训练项目，循序渐进 |
| | | 游戏中要注意眼神和语言的交流，让其体会到爱与快乐的情感 |

续表

| 游戏类型 | 原则 | 注意事项 |
|---|---|---|
| 精细动作游戏 | 发展性原则 | 注意趣味性 |
| | 操作性原则 | 可以与培养独立性的活动相结合，如穿脱衣服等 |
| | 渐进性原则 | 注意安全性（避免使用过小的玩具，以免婴幼儿吞食或塞入鼻腔；不要给婴幼儿使用有毒材料制作的玩具及锋利的玩具） |

## 三、婴幼儿认知能力的发展

认知是人最基本的心理过程，包括感觉、知觉、记忆、想象、思维等。认知能力是智力发展的基础，认知能力的强弱可以反映一个人智力水平的高低。

### 1. 婴幼儿认知能力发展的特点和规律

| | 婴幼儿认知能力发展 |
|---|---|
| 特点 | 1～12月龄以感觉、知觉和动作来适应环境（认知方式是动作，如抓、握、嚼等） |
| | 12～24月龄的认知能力与手的精细动作、手眼协调密切相关，他们喜欢用手触摸看到的物体，用手的运动增长经验 |
| | 24～36月龄应用视觉、听觉、触觉的能力都有了提高，通过看图片、外出参观等方式（如涂鸦等）来了解事物，认知日常生活用品、动植物、简单的自然现象等 |
| 规律 | 1．空间概念及空间知觉<br>（1）0～3月龄靠嘴的触觉来感知；<br>（2）2月龄会追视；<br>（3）2～3月龄会做出闭眼的反应，这是物感知觉；<br>（4）3岁可以掌握上下、内外的概念 |
| | 2．大小概念<br>（1）4月龄具有大小知觉的恒常性；<br>（2）2岁左右开始有大小的概念；<br>（3）3岁可以在一组大小不等的物品中挑出最大的和最小的 |

续表

| | 婴幼儿认知能力发展 |
|---|---|
| 规律 | 3．颜色概念<br>（1）3～4月龄对色彩逐渐敏感，开始区分红、绿两种光，但不稳定；当看向环境中的物品时，对红色物体的注视较多；最感兴趣的是对比强烈的黑白两色；<br>（2）4～5月龄开始对颜色有分化反应，喜欢波长较长的暖色调，如红、黄、橙，尤其是红色物体，最能使婴儿兴奋；已经逐渐能够感受到周围环境的多姿多彩；<br>（3）5～6月龄还不能区分同色系的颜色，如会把两种不同的蓝色都看成蓝色，但能区分明显不同的颜色，如黄色和绿色；<br>（4）3岁对红、黄、绿三种颜色的辨别正确率最高，对其他颜色的辨认能力随年龄的增长而逐步提高<br><br>4．时间知觉<br>（1）婴儿出生后，主要以内部的生理状态来反映时间，如饿了会哭闹，想睡觉的时候就睡觉；<br>（2）随着逐渐成长，婴儿会从一日生活的节奏中感受到时间的概念；<br>（3）大约从3岁开始，幼儿说话时会越来越多地使用与时间有关的词，如白天、黑夜、早晨、晚上等，但这时幼儿对时间的认知必须和日常生活事件相联系<br><br>5．形状知觉<br>（1）2月龄可以初步辨别母亲的面部和奶瓶的轮廓，但对物体影像的感觉只是平面的；<br>（2）6月龄后，婴儿才会对物体产生立体的感觉；<br>（3）1岁以后，幼儿容易对具有弹跳或滚动特质的球及球状的物体产生兴趣；<br>（4）2岁后，幼儿会通过触摸和操作，粗略地认识与球类似的球状物体，但是其形状概念的建立仍处于很模糊的阶段；<br>（5）3岁左右，大多数幼儿已能稳定地辨识2～3个形状（以圆形、三角形和正方形最为熟悉），脑海中也建立了对这些形状的概念<br><br>6．记忆力：新生儿会出现对刺激物的习惯化表现，这就是原始的记忆因素。新生儿能够形成条件反射，这也说明其已有记忆。<br>（1）0～6月龄能短暂地记忆周边事物；<br>（2）6月龄开始出现"认生"的现象，能区分生人与熟人；<br>（3）9～12月龄会在记忆的基础上进行模仿；<br>（4）从1岁开始，幼儿有了回忆，会寻找藏起来的东西；<br>（5）1岁以上，尤其是在2岁以后，幼儿的记忆力开始迅速增强，但他们所记忆的内容只有事物的形象，并且大多属于无意识记忆 |

### 2. 婴幼儿认知游戏训练的注意事项

（1）通过多种手段促进婴幼儿感知觉的发展。

（2）根据婴幼儿月龄的特点和现有的发展水平确定活动目标。

（3）提供安全卫生、能满足其活动需要的材料。

（4）语言和游戏训练相结合。

（5）要注意游戏过程，不要过分追求结果。

## 四、婴幼儿社会与语言能力的发展

婴幼儿社会与语言能力的发展极其重要。婴幼儿良好的社会性行为、人格的养成，能为其日后适应社会环境和具有良好的人际关系奠定基础。婴幼儿的社会适应能力主要表现在生活自理能力、社会交往能力和人格发展等方面。

语言是人类社会重要的交际工具，也是个体从自然人发展到社会人的重要标志，是个体认知发展的基础。一个人从呱呱坠地，到说出完整句子的过程，是从对语言的知觉到表达的突破。婴幼儿阶段是学习语言的关键期，这个阶段需要适时地接受适宜的刺激，需要成人有意识地进行有针对性的培养。

### （一）婴幼儿社会与语言能力发展的特点

| 类　型 | 特　点 |
| --- | --- |
| 婴幼儿社会能力发展 | 1. 自我意识逐渐形成<br>（1）自我意识的发生：<br>①最早萌生的概念是"主我"，体现在会对照看者微笑或发出声音，3月龄婴儿会有"主我"的萌芽；<br>②出生后第二年便开始建构"客我"。<br>（2）自我概念的发展：18～30月龄幼儿开始发展类别自我，即根据外在特征把自己归为某一类，如年龄、性别、体格特征等，以区别自己和他人；<br>（3）自我控制的出现：婴幼儿自我控制的典型表现是对父母命令与要求的简单服从 |

续表

| 类　型 | 特　点 |
| --- | --- |
| 社会能力发展 | 2．依恋关系逐渐建立<br>（1）无差别的社会反应阶段（0～3月龄）：不加区别地对所有人做出反应；<br>（2）有差别的社会反应阶段（3～6月龄）：对母亲或其他代替母亲的人进行定位和表示信号的行为阶段；<br>（3）陌生人焦虑阶段（6月龄至两三岁）：对陌生人表现出警戒和惧怕的情绪，他们在探索行为中开始把母亲作为安全基地；<br>（4）目标调整的伙伴关系（从两三岁开始）：与依恋对象建立确定的关系，不管何时何地，与依恋对象形成一种永久的联系 |
| 语言能力发展 | 1．语言的准备阶段（0～1岁）<br>（1）0～1岁是语言的准备阶段，被称为"前语言阶段"。在该阶段，婴儿虽然还不会说话，但已逐渐表现出对语言的反应活动；<br>（2）出生后1个月，婴儿表现出对语音，特别是母亲语音的明显偏好；<br>（3）3～4月龄婴儿开始咿呀学语，能和成人进行"相互模仿式的发音游戏"，能够区分并模仿成人所发出的语音；到接近1岁时，已经能逐步听懂某些词意，并开始模仿最容易发音的几个词<br>2．语言的理解阶段（1～2岁）<br>（1）这个时期的幼儿能听懂成人的许多日常用语，能根据成人的语言指示完成一些简单的动作；<br>（2）出现"电报句"，即包含2～4个字且把名词和动词组合在一起的句子；<br>（3）幼儿学说话的积极性很高，模仿能力强，进入开口说话的阶段<br>3．初步掌握语言的阶段（2～3岁）<br>（1）处于积极的言语活动期，能初步掌握常用词，能使用陈述句、感叹句、疑问句，语音逐渐清晰；<br>（2）能背诵3～5句的简单儿歌。成人可以利用一切机会与他们交谈，通过做游戏、讲故事激发他们的说话欲望 |

### 2. 婴幼儿社会与语言能力的培养

| | | |
|---|---|---|
| 社会能力的培养 | | （1）给婴幼儿提供与外界接触的机会；<br>（2）通过游戏培养婴幼儿的交往能力；<br>（3）培养婴幼儿与人交往的技巧 |
| 语言能力的培养 | 0～1岁 | （1）提供丰富的声音环境，加强听音和发音的训练；<br>（2）与认知游戏活动相结合 |
| | 1～2岁 | （1）帮助幼儿增加词汇；<br>（2）指导时注意示范发音；<br>（3）运用游戏进行语言训练；<br>（4）选择与幼儿年龄相匹配的故事和儿歌进行训练 |
| | 2～3岁 | （1）丰富幼儿的生活经验，促进幼儿的言语规范；<br>（2）满足幼儿的求知欲 |

# 五、0～3岁亲子游戏的保育要点

0～3岁亲子游戏的保育工作不仅是对玩具、教具的清洗消毒，更是为婴幼儿创设安全的游戏环境，根据婴幼儿养育指导内容，有针对性地开展各类型的亲子游戏，使婴幼儿愉快、和谐地参加亲子游戏。

| 游戏类型 | 保育指导 |
|---|---|
| 动作发展 | 1. 游戏前：为婴幼儿创设安全环境，对物品和环境进行消毒，检查婴幼儿着装（注意穿裙子的女宝宝不要被绊倒），穿戴汗巾；<br>2. 游戏中：加强照护，避免发生意外，满足婴幼儿动作发展需求，并进行指导与示范，提醒婴幼儿饮水、如厕、穿脱衣服；<br>3. 游戏后：带领婴幼儿收拾场地，送玩具回家，对物品与环境进行消毒 |
| 语言发展 | 1. 游戏前：为婴幼儿创设安全环境，对物品和环境进行消毒，检查婴幼儿着装，穿戴汗巾；<br>2. 游戏中：为婴幼儿进行语言示范，帮助婴幼儿掌握名词，让婴幼儿听从指令完成动作，鼓励婴幼儿相互交往，提醒婴幼儿饮水、如厕、穿脱衣服；<br>3. 游戏后：带领婴幼儿收拾场地，送玩具回家，对物品与环境进行消毒 |

续表

| 游戏类型 | 保育指导 |
|---|---|
| 认知发展 | 1. 游戏前：为婴幼儿创设安全环境，对物品和环境进行消毒，检查婴幼儿着装，穿戴汗巾；<br>2. 游戏中：多提供一些不同颜色、不同大小的玩具，以及能够刺激婴幼儿想象力的活动材料，以加深他们对事物的认识，不断促进其智力发展，提醒婴幼儿饮水、如厕、穿脱衣服；<br>3. 游戏后：带领婴幼儿收拾场地，送玩具回家，对物品与环境进行消毒 |
| 社会性发展 | 1. 游戏前：为婴幼儿创设安全环境，对物品和环境进行消毒，检查婴幼儿着装，穿戴汗巾；<br>2. 游戏中：通过娃娃家、讲故事等形式引导婴幼儿，鼓励婴幼儿相互交往，提醒婴幼儿饮水、如厕、穿脱衣服；<br>3. 游戏后：带领婴幼儿收拾场地，送玩具回家，对物品与环境进行消毒 |

## 六、0~3岁亲子游戏的实施

### 1. 实施条件

| | 实施条件 | 要　求 |
|---|---|---|
| 实施环境 | 理实一体化多媒体教室、Wi-Fi | 干净整洁，安全，温、湿度适宜，实时在线观看线上学习资源 |
| 物品准备 | 签字笔1支、记录本1本 | 教师自备工作服、帽子、发网、挂表 |
| 人员准备 | 教师具备0~3岁婴幼儿动作、认知、社会性、语言发展相关知识和操作技能 | 教师着装整齐，使用普通话 |

### 2. 实施步骤

| | |
|---|---|
| 评估 | 1. 环境：干净整洁，安全，温、湿度适宜；<br>2. 教师：着装整齐；<br>3. 物品：游戏材料干净，无毒、无害，准备签字笔、记录本、消毒剂；<br>4. 婴幼儿：月龄、身心发展水平、精神状态、心理状态 |

续表

| | | |
|---|---|---|
| 计 划 | | 1．确定亲子活动中婴幼儿和家长的认知、能力、情感目标；<br>2．完成亲子活动的流程 |
| | 实施 | 1．活动指引<br>在亲子活动开始前，提前让家长查阅相关知识、了解活动的要求及物品的准备。可采用示范指导法、口头指导法的形式进行活动指导，内容不能过多，主要起到引导的作用，启发家长科学育儿。<br>2．活动过程<br>活动过程包括开始部分、基本部分和结束部分。<br>（1）开始部分：目的在于引出活动主题，一般由简短的小游戏构成，如热身运动、情境导入、故事欣赏等；<br>（2）基本部分：要求各个环节层层递进，最终实现活动目标；<br>（3）结束部分：需进行小节，通过小节再次让家长明确本次亲子游戏的目标，以及各个环节的目标。<br>3．活动延伸<br>（1）活动延伸是本次活动的扩展部分和延伸，要求家长配合在家中完成。活动延伸一般是为巩固婴幼儿所学内容，以更好地实现活动目标，并将婴幼儿所学内容与生活实际相联系而设计的家庭活动，能够拓展婴幼儿的生活经验，加强亲子之间的互动；<br>（2）活动后注意整理用物。<br>4．注意事项<br>（1）目标及活动制定清晰合理；<br>（2）在亲子活动中，与家长沟通需表达清晰明确、态度温和友善；<br>（3）及时跟家长或监护者进行沟通，缓解焦虑情绪 |
| | 评价 | 1．确定亲子游戏中婴幼儿的认知、能力、情感目标及家长的认知、能力、情感目标；<br>2．完成亲子活动的设计与组织 |

## 各月龄幼儿的游戏与学习内容

| 游戏类型 | 13~18月龄 | 19~24月龄 | 25~30月龄 | 31~36月龄 |
|---|---|---|---|---|
| 大动作发展 | 训练幼儿独自走路、弯腰捡东西、抛球、踢球等大动作 | 借助玩具，以游戏的形式进行跑步、双脚跳、上下楼梯的训练 | 锻炼幼儿双脚交替独自上楼梯、后退侧着走和奔跑、爬过障碍物、双脚离地跳等动作 | 进行走直线、双脚离地跳跃、跨越短平衡木等方面的动作练习 |
| 精细动作发展 | 引导练习取放物品、垒叠物品、翻书页等 | 训练幼儿拆物品、倒水、穿珠子、穿扣子等，发展精细动作 | 注重幼儿拇指与食指的配合，练习剥、拧等动作和洗手、擦嘴等生活活动 | 通过手指操、捏橡皮泥等小活动进行精细动作练习 |
| 认知发展 | 提供不同颜色、不同大小的玩具，激发幼儿想象力；引导幼儿认识颜色、图形，区分大小等 | 练习认识性别、数数、配对等；以讨论的形式进行简单思维训练 | 训练幼儿观察力，强化视觉、听觉、触觉和嗅觉、方位和距离知觉、图形辨别、认识时间等多种能力 | 引导幼儿对日常生活物品进行分类，使其初步建立集合的概念 |
| 社会性发展 | 引导幼儿的自我意识发展；建立良好的亲子关系 | 注重幼儿的自我意识培养，使其建立良好社会交往；强化幼儿良好习惯养成 | 引导幼儿恰当表达喜怒哀乐等情绪，鼓励幼儿与同伴交往 | 引导幼儿做好情绪控制，建立良好同伴关系 |
| 语言发展 | 语言示范，引导幼儿学习名词 | 引导幼儿进行双词练习及名词运用 | 引导幼儿学念简单儿歌，说完整短句、简单复合句 | 引导并鼓励幼儿提问题、回答问题；注重礼貌用语使用；进行早期阅读，并鼓励复述 |

大动作游戏 　　　　　　　　　　　　　认知游戏

精细动作游戏 　　　　　　　　　　　　社会游戏

## 实训活动

### 活动 4　大动作游戏与学习活动保育

#### 一、活动准备

【案例】

19～24 月龄大动作游戏：好玩的球。

**【创设背景】**

某早教指导机构对报亲子早教课的孩子已经开展了两次亲子早教游戏课，发现大部分孩子的自我保护意识较弱且触觉敏感，表现为爱吸吮手指、过分碰触某种东西、有强迫性行为、个人表现缺乏自信、过分依赖父母等。为了发展幼儿的触觉，提高其自我保护意识，教师提出游戏建议：开展"好玩的球"主题亲子游戏。

**【游戏目标】**

1．发展触觉，提高自我保护意识。

2．在愉悦的游戏中增进亲子间的感情。

从【创设背景】【游戏目标】可以了解游戏从何而来，在日常游戏中关注相关经验与认知，从而明确游戏重点，为教师指导游戏做准备。

| | |
|---|---|
| 设计意图 | 班级内大部分孩子的自我保护意识较弱，且触觉敏感，表现为爱吸吮手指、过分碰触某种东西、有强迫性行为、个人表现缺乏自信、过分依赖父母等。需要设计相关大动作游戏发展幼儿的触觉，提高其自我保护意识 |
| 游戏类型 | 大动作游戏 |
| 游戏目的 | 发展触觉，提高自我保护意识；增进亲子间的感情 |
| 游戏场地要求 | 1．建议在室内较平整、宽阔的木质地板上活动，教室四周有软包墙；<br>2．注意场所内安全及地面清洁卫生，提前排除尖角物品、硬物 |
| 游戏规则 | 玩法1：将幼儿俯卧在触觉球上，呈头低脚高状，教师或照护者抓住幼儿的腿，随着律动或节奏，将趴在触觉球上的幼儿前后来回缓慢移动；<br>玩法2：让幼儿平卧在软垫上，将触觉球轻轻放置在幼儿身上，从头到脚、从左到右缓慢滚动触觉球，让幼儿充分感受触觉球的刺激 |
| 学习小组学生分组名单 | 组长：<br>组员： |

## 二、活动计划

**【游戏材料准备】**

腕铃，音乐《玩具兵进行曲》，各种颜色的海洋球、大龙球。

了解所需材料，鉴别其安全性、适宜性，以便及时调整。

| 游戏主题 | 好玩的球 |
| --- | --- |
| 游戏材料 | 材料明细：音乐《玩具兵进行曲》，腕铃，各种颜色的海洋球、大龙球<br>消毒方式：喷洒消毒水、清水擦拭、日晒 |
| 预期目标 | 1．在适宜的环境中发展幼儿的触觉，提高其自我保护意识；<br>2．在愉悦的游戏中增进亲子间的感情 |
| 保育要点 | 1．环境准备：游戏场地干净整洁、安全无毒，温、湿度适宜，适合开展活动<br>室内温度：26℃　　　　室内湿度：55%<br><br>2．活动场地存在的安全隐患：<br>地面光滑易滑倒<br><br>3．幼儿准备：<br>幼儿状态良好，无哭闹现象，喜欢参与游戏<br><br>4．照护者个人准备：<br>着装整齐，修剪好指甲，适宜开展活动 |

## 三、活动实施

【游戏过程】

（一）热身活动

活动目标：

1．幼儿情绪稳定、愉悦，感受集体活动的氛围，快速适应新环境。

2．发展身体协调、平衡能力和音乐感知力。

**家长学习目标**：学习利用音乐调动和稳定幼儿情绪的方法。

**活动准备**：腕铃、音乐《玩具兵进行曲》。

**活动过程**：幼儿带着腕铃，教师播放音乐《玩具兵进行曲》，带领家长和幼儿跟随音乐一起变换不同的动作，"看样学样"。

**家长指导语**：对于19~24月龄幼儿，最初的基本的移位动作已发展起来，具备一定的模仿能力。幼儿随音乐做模仿动作，能够稳定其情绪，体验并感受集体活动的氛围，有助于幼儿快速适应新环境。体验不同音乐形象的过程，可发展他们的音乐感知能力。

将幼儿俯卧在触觉球上，呈头低脚高状，教师或家长抓住幼儿的腿，随着律动或节奏，将趴在触觉球上的幼儿前后来回缓慢移动。

让幼儿平卧在软垫上，将触觉球轻轻放置在幼儿身上，从头到脚、从左到右缓慢滚动触觉球，让幼儿充分感受触觉球的刺激。

让幼儿触摸海洋球，感受不同的球带来的触感。

**家庭活动延伸：** 在家中常带着幼儿跟着欢快的音乐一起变换动作走一走，增进幼儿的自我表现能力。

| 亲子活动 | 1. 热身；<br>2. 幼儿带着腕铃，家长和幼儿跟随音乐一起变换不同的动作，"看样学样"；<br>3. 配合亲子运动课做触觉球的训练 |
|---|---|
| 教师活动 | 1. 观察幼儿的游戏行为，观察亲子之间是否有有效互动；<br>2. 在活动过程中适时介入游戏，指导家长与幼儿的亲子互动；<br>3. 将此次游戏的效果及过程做好记录，为后期对益智游戏进行改造升级提供数据支持 |
| 保育要点 | 1. 活动过程中有无意外事故发生：<br>□有：<br>处理记录：<br><br>☑无<br>2. 记录幼儿换装：<br>活动结束后更换衣物<br>3. 记录幼儿的饮水、如厕情况：<br>活动期间按需饮水，活动结束后需提醒喝水 |

（二）相识问好"碰碰海洋球"

**活动目标：**

1. 发展自我意识，提高口语表达和倾听能力，增强自信心。
2. 增强人际交往能力，学会轮流、等待和尊重他人。

**家长学习目标：**了解 19～24 月龄幼儿的社会与语言能力发展水平，掌握引导幼儿相互认识的方法。

**活动准备：**红色海洋球。

**活动过程：**

1．教师介绍活动材料，引导家长和幼儿学说儿歌"红色的球对对碰，红色的球对对碰，变成×××"，根据儿歌内容做简单的身体动作。

2．教师示范自我介绍

教师边念儿歌边做相应的动作，示范自我介绍："大家好，我是××老师，希望大家喜欢我，谢谢。"

3．幼儿自我介绍，大家齐唱欢迎歌。

**家长指导语：**

1．这一阶段的幼儿，能说出 3～5 个字的简单短句，表达一定的意思和个人需要，知道自己的名字，能够用名字称呼自己。本活动主要是锻炼幼儿在集体面前大胆地说出自己的名字，促进其自我意识、社会与语言能力的发展。

2．若幼儿不愿意参与到活动中，不要强迫幼儿。家长要以饱满的热情参与到活动中，以自身的情绪感染幼儿；观察幼儿的行为，对不同行为给予相应的回应，善于鼓励和肯定幼儿。

**家庭活动延伸：**家长在家中要让幼儿多在其他家庭成员面前做自我介绍，引导幼儿向初次见到的人打招呼、介绍自己的名字，培养其自信心。

| | |
|---|---|
| 亲子活动 | 1．跟随教师的指令，家长和幼儿学说儿歌"红色的球对对碰，红色的球对对碰，变成×××"，根据儿歌内容做简单的身体动作；<br>2．带领幼儿向大家问候、做自我介绍；<br>3．活动结束后一起收拾教具 |
| 教师活动 | 1．准备教具，组织活动；<br>2．观察幼儿的游戏行为、观察亲子之间是否有有效互动；<br>3．在活动过程中适时介入游戏，指导家长与幼儿的亲子互动；<br>4．将此次游戏的效果及过程做好记录，为后期对游戏进行改造升级提供数据支持 |

| | |
|---|---|
| 保育要点 | 1．活动过程中有无意外事故发生：<br>□有：<br>处理记录：<br><br>☑无<br>2．记录幼儿换装：<br>活动结束后更换衣物<br>3．记录幼儿的饮水、如厕情况：<br>活动过程中按需饮水、如厕 |

（三）主题活动"大龙球上取物"

活动目标：

1．发展触觉，增强平衡感，提高自我保护意识。

2．巩固对红色的认知。

3．体验亲子互动游戏的快乐。

家长学习目标：了解感觉统合对幼儿发展的价值，掌握幼儿感统训练的方法。

活动准备：大龙球、海洋球。

活动过程：

1．教师示范讲解动作要领，引领家长和幼儿一起做动作。家长扶住幼儿腋下，让幼儿以腹部为支撑点俯卧在大龙球上，挺胸抬头，头部稳定地摆在正中间，双手扶住幼儿的大腿根部，向前慢慢滚动大龙球，直到幼儿的头即将与地面接触时，引导幼儿伸出双手去支撑地面，在培养幼儿的自我保护意识同时让幼儿感受空间变化，促进其前庭觉的发展。

2．教师指导家长和幼儿练习做俯卧大龙球动作。

3．抓红色海洋球，巩固幼儿对红色的认知。

游戏方法同上，但加大难度，家长向前滚动大龙球，让幼儿伸手只抓红色的海洋球，比比谁抓的海洋球多。

家长指导语：本活动要求幼儿俯卧抬头，注视目标，可使颈背部肌肉强烈收缩，改善眼的注视能力，对前庭觉、视觉和触觉的发展，提高幼儿的有意注意力、手眼协调能力和色彩认知都有很大好处。

**家庭活动延伸**：家长在家可带幼儿做类似的活动，家长一定要引导幼儿摔跤时知道用手去撑地，增强其自我保护意识。

（四）结束环节"送大龙球回家"

教师带领家长和幼儿双手交替将大龙球推到指定的位置，相互挥手告别，培养幼儿的社会交往能力，养成做事情有始有终的好习惯。

| | |
|---|---|
| 亲子活动 | 1．家长和幼儿根据教师的示范做相应的大龙球触觉练习；<br>2．有效引导幼儿进行大运动训练；<br>3．在活动中保护好幼儿的人身安全，同时有情感交流；<br>4．活动结束后引导幼儿和教师一起收拾教具 |
| 教师活动 | 1．准备教具，组织活动；<br>2．观察幼儿的游戏行为、观察亲子之间是否有有效互动；<br>3．在活动过程中适时介入游戏，指导家长与幼儿的亲子互动；<br>4．将此次游戏的效果及过程做好记录，为以后设置类似游戏或改造升级提供数据支持 |
| 保育要点 | 1．活动过程中有无意外事故发生：<br>□有：<br>处理记录：<br><br>☑无<br>2．记录幼儿换装：<br>活动结束后更换衣物<br>3．记录幼儿的饮水、如厕情况：<br>活动过程中按需饮水、如厕 |
| 思政情怀 | 本系列活动通过难度不同的热身、问候、主题活动等三个子活动开展，以"好玩的球"为主题，在促进19～24月龄幼儿触觉发展的过程中，体会亲子之间的信任、依赖，同时也促进发展幼儿的社会交往能力，使其初步感受同伴交往的乐趣 |

## 四、活动检测

| 小组任务 | 按照下列格式，综合运用所学，自选游戏主题，分别设计 13～18 月龄、19～24 月龄、25～30 月龄、31～36 月龄大动作亲子游戏活动各一个，并指出保育要点，上传"学习通" ||||
|---|---|---|---|---|
| 小组成员 | |||| 
| 年龄段 | 13～18 月龄 | 19～24 月龄 | 25～30 月龄 | 31～36 月龄 |
| 游戏主题 | | | | |
| 活动准备 | 环境准备 | | | | |
| | 物料准备 | | | | |
| | 幼儿准备 | | | | |
| 活动计划 | | | | |

续表

| | | | | |
|---|---|---|---|---|
| 活动实施 | | | | |
| 保育要点 | | | | |
| 思政情怀 | | | | |

## 五、活动评价

班级：　　　　　　　姓名：　　　　　　　学号：

| 评价标准 | 评分参考 | | 参考分值 | 自评 | 组长评 | 教师评 |
|---|---|---|---|---|---|---|
| 任务完成情况 | 任务顺利完成，无失误、延误情况 | | 0～20 | | | |
| 保育专业知识与技能 | 理论认知 | 理解游戏保育的重要性、方法及特点 | 0～6 | | | |
| | 技能掌握 | 能根据婴幼儿身心发展的特点设计并实施游戏保育措施，抓住活动的保育要点 | 0～6 | | | |
| | 扩展活动 | 能根据不同年龄婴幼儿的需求实施保育措施 | 0～6 | | | |
| 思政与价值导向 | 保育职业道德 | 树立游戏前、游戏中、游戏后的幼儿保育照护职业道德意识，能及时关注幼儿保育需求 | 0～8 | | | |
| | 集体意识 | 在活动实施中具有热爱集体、热爱生活的情怀 | 0～8 | | | |
| | 保育情怀 | 能在游戏实施过程中体现耐心、爱心，有谨慎的保育态度 | 0～8 | | | |
| 综合素质与通用能力 | 出勤 | 按时到岗，学习准备就绪，按时到达学习岗位 | 0～5 | | | |
| | 课堂纪律 | 能够参与合作，不缺席，不做与课堂无关的事 | 0～5 | | | |
| | 合作能力 | 能融入集体，有团结协作的精神 | 0～5 | | | |
| | 信息收集能力 | 在学习中积极主动，不怕困难，勇于探索，学习态度认真，虚心好学，与他人共同协作完成任务 | 0～5 | | | |
| | 沟通表达 | 在完成任务的过程中，遇到问题能共同讨论解决 | 0～5 | | | |

续表

| 综合素质与通用能力 | 创新能力 | 有强烈的好奇心和探索欲望，在活动中充分发挥个人特长，设计出具有个性的活动方案 | 0～5 | | |
|---|---|---|---|---|---|
| 总分 | | | | | |

| 自我总评 | |
|---|---|

| 小组评价 | 组长签名：_____  _____年_____月_____日 |
|---|---|

| 教师总评 | 教师签名：_____  _____年_____月_____日 |
|---|---|

## 活动 5　精细动作游戏与学习活动保育

## 一、活动准备

【案例】

25～30月龄精细动作游戏：穿珠数数。

【创设背景】

某早教机构开设有0～3岁亲子早教游戏课程，经过开展"漂亮的服装"主题活动，发现部分孩子很喜欢服装的装饰珠子，尤其是女孩。根据孩子的兴趣爱好，为了进一步发展孩子的精细动作，提高手眼协调能力，教师提出游戏建议：开展"穿珠数数"主题亲子游戏。

【游戏目标】

1. 引导幼儿练习穿珠子、拉线等动作。
2. 促进幼儿手眼协调、双手协作能力的发展。
3. 发展幼儿数数的能力。

从【创设背景】【游戏目标】可以了解游戏从何而来，在日常游戏中关注相关经验与认知，从而明确游戏重点，为教师指导游戏做准备。

| | |
|---|---|
| 设计意图 | 19月龄以上的幼儿会对折纸、穿珠子、涂鸦等动作产生浓厚的兴趣，手部精细动作也更加灵活。和幼儿一起玩穿珠子、涂鸦等游戏，引导幼儿大胆尝试，积极动手操作，促进其手眼协调性和动作灵活性的发展 |
| 游戏类型 | 亲子蒙氏课 |
| 游戏目的 | 引导幼儿练习穿珠子、拉线等动作，促进幼儿手眼协调、双手协作能力的发展；发展幼儿数数的能力；增进亲子间的感情 |
| 游戏场地要求 | 1. 平整、宽阔的室内活动场所，环境温馨安静；<br>2. 注意场所内安全及地面清洁卫生，提前排查细小物品以免幼儿误吞；<br>3. 活动场地干净整洁，温、湿度适宜 |

续表

| 游戏规则 | 正确区分绳子的头和尾，穿珠子时绳子需要从尖的一头穿入，以珠子不掉落为正确 |
|---|---|
| 学习小组学生分组名单 | 组长：<br>组员： |

## 二、活动计划

**【游戏材料准备】**

轻音乐《海底》、花皮球、绳子（其中一头打结）、小碗、五颜六色的珠子。

了解所需材料，鉴别其安全性、适宜性，以便及时调整。

| 游戏主题 | 穿珠数数 |
|---|---|
| 游戏材料 | 材料明细：轻音乐《海底》、花皮球、绳子（其中一头打结）、小碗、五颜六色的珠子<br>消毒方式：喷洒消毒水、清水擦拭、日晒 |
| 预期目标 | 1. 幼儿情绪稳定、愉悦，感受集体活动的氛围，快速适应课堂环境；<br>2. 幼儿发展自我意识，提高口语表达和倾听能力，增强人际交往能力，学会轮流、等待和尊重他人；<br>3. 家长引导幼儿练习穿珠子、拉线等动作，促进幼儿手眼协调、双手协作能力的发展，初步培养幼儿数数的能力 |
| 保育要点 | 1. 环境准备：游戏场地干净整洁、安全无毒，温、湿度适宜，适合开展活动<br>室内温度：26℃　　　　室内湿度：55%<br><br>2. 活动场地存在的安全隐患：<br>无 |

续表

| 保育要点 | 3．幼儿准备：<br>幼儿状态良好，无哭闹现象，喜欢参与游戏<br>4．照护者个人准备：<br>着装整齐，修剪好指甲，适宜开展活动 |
|---|---|

## 三、活动实施

【游戏过程】

活动目标：

1．幼儿情绪稳定、愉悦，感受集体活动的氛围，快速适应课堂环境。

2．发展自我意识，提高口语表达和倾听能力，增强人际交往能力，学会轮流、等待和尊重他人。

3．引导幼儿练习穿珠子、拉线等动作，促进幼儿手眼协调、双手协作能力的发展，初步培养幼儿数数的能力。

家长学习目标：

1．学习利用音乐调动和稳定幼儿情绪的方法。

2．了解25～30月龄幼儿的社会性和语言发展水平，掌握引导幼儿相互认识的方法与技巧。

3．了解精细动作对幼儿发育的价值，掌握幼儿精细动作训练的有效方法。

活动准备：轻音乐《海底》、花皮球、绳子、小碗、五颜六色的珠子。

活动过程：

（一）热身活动——走线

教师播放轻音乐《海底》，带领家长和幼儿跟随着舒缓的音乐，双手叉腰，目视前方，小脚轻轻地踩在蒙氏线上。结束时，把音乐声音慢慢调小，直到没有声音，请幼儿安静地坐在蒙氏线上。

家长指导语：25～30月龄幼儿已经具备稳定的动作模仿表现能力。幼儿伴着音乐跟随老师走线可进行全身肌肉的控制。肢体的协调练习可锻炼幼儿的意志力，使幼儿心灵沉寂、专注平静、情绪稳定，为接下来的活动环节奠定良好的基础。

（二）相识问好——滚动的花皮球

1．教师介绍本环节的活动物品，引导家长和幼儿学说儿歌："花皮球，圆溜溜，滚来滚去找朋友。花皮球要和宝宝做朋友，花皮球滚给哪个宝宝，宝宝学会自我介绍。"根据儿歌内容做简单身体动作。

2. 教师示范自我介绍

教师边念儿歌边做相应的动作，示范自我介绍："大家好，我是××老师，希望大家喜欢我，谢谢。"

3. 幼儿轮流自我介绍，直到每位幼儿都介绍过自己。

**家长指导语：**

1. 1~30月龄幼儿能说简单的句子，能够表达一定的意思和个人需要，知道自己的名字，能够用名字称呼自己。这个活动主要锻炼幼儿在集体面前大胆地说出自己的名字，能够进一步促进幼儿自我意识、社会交往和语言能力的发展。

2. 若幼儿不愿意参与活动，不要强迫幼儿。家长要以饱满的热情参与到活动中，以自身的情绪感染幼儿，观察幼儿的行为，对不同行为给予相应的回应，善于鼓励和肯定幼儿。

（三）主题活动——穿珠数数

1. 教师示范讲解动作要领，引领家长和幼儿一起观看教师的示范动作：取出绳子，双手将绳子横向拉成直线，向幼儿展示绳子，左手拿起绳子的一端，右手拿1颗珠子，绳子对准孔眼穿过去，左手食指和拇指捏住珠子，右手拉住穿过珠子的绳子顶端将绳子拉出。

2. 幼儿尝试自主操作穿珠子和数数，如穿4颗黄色珠子和4颗蓝色珠子，再加2颗白色珠子，正好是10颗珠子。教师适时给予指导。

3. 用同样的方法变换珠子颜色的组合，让幼儿反复练习。

4. 家长帮忙给绳子打结，使其变成一串"项链"。

**家长指导语：**

1. 在家玩过穿珠子的幼儿可以自己独立完成。如果幼儿有困难，家长可以帮助幼儿拿珠子，方便幼儿对准小孔穿绳，并且提醒幼儿拉出绳子。记得给绳子打结，注意珠子不要跑滑落。

2. 珠子穿得快的幼儿手眼协调能力良好，可以多穿。手眼配合稍差的幼儿，可以慢慢练习。

（四）结束环节——送珠子回家

教师带领家长和幼儿将剩余的珠子、绳子、小碗放进托盘，放回指定的位置，然后

任务二　0～3岁亲子游戏与学习活动保育

相互挥手告别，培养幼儿的社会交往能力，养成做事有始有终的好习惯。

**家庭活动延伸：**

1. 在家中，家长可以带着幼儿跟着音乐一起走走地板的美缝线，增进幼儿的平衡能力与自我表现能力。

2. 家长在家可带幼儿做穿珠数数、穿纽扣数数的活动，家长一定要引导幼儿珠子、纽扣等物品不可食用，并且在旁边陪同，不断增强幼儿手眼协调和数数能力。

| 亲子活动 | 1. 跟随音乐走线，鼓励幼儿自己安静走线；<br>2. 引导幼儿大胆尝试在集体面前发言，做自我介绍；<br>3. 仔细观看教师示范"穿珠子"的正确操作，鼓励幼儿尝试完成活动；<br>4. 家长能正确引导幼儿处理游戏过程中出现的问题，家长能做到有效回应；<br>5. 活动最后能够引导幼儿收拾教具 |
|---|---|
| 教师活动 | 1. 准备教具，创设良好的上课环境，正确示范教具操作步骤，引导幼儿与家长积极互动；<br>2. 观察幼儿的游戏行为、观察亲子之间是否有有效互动；在游戏过程中适时介入，指导家长与幼儿的亲子互动；<br>3. 将此次游戏的效果及过程做好记录，为后期对游戏进行改造升级提供数据支持 |
| 保育要点 | 1. 活动过程中有无意外事故发生：<br>□有：<br>处理记录：<br><br>☑无<br>2. 记录幼儿换装：<br>活动过程中没有进行剧烈运动，无须更换衣物<br>3. 记录幼儿的饮水、如厕情况：<br>幼儿能自己主动喝水；部分幼儿不愿意上厕所，需要教师带领 |
| 思政情怀 | 1. 发展自我意识，提高口语表达和倾听能力，增强自信心；<br>2. 增强人际交往能力，学会轮流、等待和尊重他人；<br>3. 情绪稳定、愉悦，感受集体活动的氛围，快速适应课堂环境 |

## 四、活动检测

| 小组任务 | 按照下列格式，综合运用所学，自选游戏主题，分别设计 13～18 月龄、19～24 月龄、25～30 月龄、31～36 月龄大动作亲子游戏活动各一个，并指出保育要点，上传"学习通" ||||
|---|---|---|---|---|
| 小组成员 | |||| 
| 年龄段 | 13～18 月龄 | 19～24 月龄 | 25～30 月龄 | 31～36 月龄 |
| 游戏主题 | | | | |
| 活动准备 — 环境准备 | | | | |
| 活动准备 — 物料准备 | | | | |
| 活动准备 — 幼儿准备 | | | | |

续表

| | | | | |
|---|---|---|---|---|
| 活动计划 | | | | |
| 活动实施 | | | | |
| 保育要点 | | | | |
| 思政情怀 | | | | |

## 五、活动评价

班级：　　　　　　　姓名：　　　　　　　学号：

| 评价标准 | 评分参考 | | 参考分值 | 自评 | 组长评 | 教师评 |
|---|---|---|---|---|---|---|
| 任务完成情况 | 任务顺利完成，无失误、延误情况 | | 0～20 | | | |
| 保育专业知识与技能 | 理论认知 | 理解游戏保育的重要性、方法及特点 | 0～6 | | | |
| | 技能掌握 | 能根据婴幼儿身心发展的特点设计并实施游戏保育措施，抓住活动的保育要点 | 0～6 | | | |
| | 扩展活动 | 能根据不同年龄婴幼儿的需求实施保育措施 | 0～6 | | | |
| 思政与价值导向 | 保育职业道德 | 树立游戏前、游戏中、游戏后的幼儿保育照护职业道德意识，能及时关注幼儿保育需求 | 0～8 | | | |
| | 集体意识 | 在活动实施中具有热爱集体、热爱生活的情怀 | 0～8 | | | |
| | 保育情怀 | 能在游戏实施过程中体现耐心、爱心，有谨慎的保育态度 | 0～8 | | | |
| 综合素质与通用能力 | 出勤 | 按时到岗，学习准备就绪，按时到达学习岗位 | 0～5 | | | |
| | 课堂纪律 | 能够参与合作，不缺席，不做与课堂无关的事 | 0～5 | | | |
| | 合作能力 | 能融入集体，有团结协作的精神 | 0～5 | | | |
| | 信息收集能力 | 在学习中积极主动，不怕困难，勇于探索，学习态度认真，虚心好学，与他人共同协作完成任务 | 0～5 | | | |
| | 沟通表达 | 在完成任务的过程中，遇到问题能共同讨论解决 | 0～5 | | | |

续表

| 综合素质与通用能力 | 创新能力 | 有强烈的好奇心和探索欲望，在活动中充分发挥个人特长，设计出具有个性的活动方案 | 0～5 | | |
|---|---|---|---|---|---|
| 总分 | | | | | |

| 自我总评 | |
|---|---|

| 小组评价 | 组长签名：＿＿＿＿＿＿＿＿＿＿＿　＿＿＿＿＿年＿＿＿＿月＿＿＿＿日 |
|---|---|

| 教师总评 | 教师签名：＿＿＿＿＿＿＿＿＿＿＿　＿＿＿＿＿年＿＿＿＿月＿＿＿＿日 |
|---|---|

## 活动 6　认知游戏与学习活动保育

### 一、活动准备

**【案例】**

19～24 月龄认知游戏：我的身体。

**【创设背景】**

某早教指导机构的小刘老师最近发现上亲子早教课的孩子非常喜欢照镜子。他们看到机构门口旁边的镜子就开心地手舞足蹈，常常盯着镜中的自己一看就是几分钟。有些孩子还对着镜中的自己做一些动作，如摸头摸眼睛等。为了让幼儿认识自己的五官和身体部位，提高自我保护意识，促进触觉的发展，增强本体感，小刘老师提出游戏建议：开展"我的身体"主题亲子游戏。

**【游戏目标】**

1. 发展自我意识，增强人际交往能力。

2. 认识五官和身体部位，提高自我意识，增强本体感、触觉。

从【创设背景】【游戏目标】可以了解游戏从何而来，在日常游戏中关注相关经验与认知，从而明确游戏重点，为教师指导游戏做准备。

| | |
|---|---|
| 设计意图 | 　　幼儿从 19 月龄开始可以认出镜子中的自己，也能认出照片中的自己；21 月龄以后能开始指认，至少 6 个身体部分，还能说出自己是男孩还是女孩。依据幼儿的身心发展特点，针对幼儿的行为特点和兴趣，促进其认知能力的提高 |
| 游戏类型 | 认知游戏 |
| 游戏目的 | 　　认识自己的五官和身体部位，增强自我保护意识；在亲子活动中培养和促进和谐亲密的亲子关系 |
| 游戏场地要求 | 1. 平整、宽阔的室内活动场所，环境温馨安静；<br>2. 注意场所内安全及地面清洁卫生，提前排查细小物品以免幼儿误吞；<br>3. 活动场地干净整洁，温、湿度适宜 |
| 游戏规则 | 家长与幼儿针对身体部位进行指认 |
| 学习小组学生分组名单 | 组长：<br>组员： |

## 二、活动计划

【游戏材料准备】

腕铃、音乐《玩具兵进行曲》、儿歌《小小奶牛》《头发肩膀膝盖脚》、纱巾。

了解所需材料，鉴别其安全性、适宜性，以便及时调整。

| 游戏主题 | 我的身体 |
| --- | --- |
| 游戏材料 | 材料明细：腕铃、音乐《玩具兵进行曲》、儿歌《小小奶牛》《头发肩膀膝盖脚》、纱巾<br>消毒方式：清水浸泡、擦拭，喷洒消毒水，日晒 |
| 预期目标 | 1. 幼儿能跟着音乐提示指对自己的身体部位；能大胆介绍自己，在集体面前表现自己；<br>2. 家长能对幼儿的游戏表现有效回应，在游戏中保持积极参与的情绪 |
| 保育要点 | 1. 环境准备：游戏场地干净整洁、安全无毒，温、湿度适宜，适合开展活动<br>室内温度：26℃　　　　室内湿度：55%<br><br>2. 材料准备：<br>所需材料已准备齐全，干净、无毒无害<br><br>3. 幼儿准备：<br>幼儿状态良好，无哭闹现象，喜欢参与游戏<br><br>4. 照护者个人准备：<br>着装整齐，修剪好指甲，适宜开展活动 |

## 三、活动实施

【游戏过程】

活动目标：

1. 稳定、愉悦情绪，感受集体活动的氛围，快速适应新环境；发展身体协调、平衡能力和音乐感知力。

2. 敢于在集体面前说出自己的名字，发展自我意识，增强人际交往能力，学会轮流、等待和尊重他人。

3. 认识五官和身体部位，提高自我意识，增强本体感、触觉，会跟着儿歌模仿成人做简单动作，体验游戏的快乐。

**家长学习目标：**

1．学习利用音乐调动和稳定宝宝情绪的方法。

2．掌握引导宝宝相互认识的方法。

3．掌握一些能有效促进宝宝自我意识发展的方法。

**活动准备：** 腕铃、音乐《玩具兵进行曲》、儿歌《小小奶牛》《头发肩膀膝盖脚》、纱巾。

**活动过程：**

（一）热身活动

幼儿戴好腕铃，教师播放音乐《玩具兵进行曲》，带领家长和幼儿一起跟随音乐变换不同的动作，"看样学样"。

**家长指导语：** 19～24月龄幼儿最初的基本移位动作能力已发展起来，具备一定的模仿能力。幼儿随音乐模仿动作，能够稳定其情绪，体验并感受集体活动的氛围，有助于幼儿快速适应新环境。体验不同的音乐形象，可发展他们的音乐感知能力。

（二）相识问候

1．教师手持仿真娃娃示范自我介绍："大家好，我是皮皮。我是一个小男生，今年1岁了（引导幼儿伸出食指），希望大家喜欢我，谢谢。"

2．在家长的引导下，幼儿依次向大家进行自我介绍，大家一起欢迎。

**家长指导语：** 12～18月龄是幼儿学话的开始阶段。语言的学习源于活动和交往的需要，因此应将语言的学习融合于活动过程中。点名环节能鼓励幼儿在集体面前大胆说出自己的名字，引导幼儿开口说话可锻炼其口语能力，同时使幼儿进一步认识自己，也关注别人，为自我意识萌芽做准备。

（三）主题活动一：头发肩膀膝盖脚

1．教师引领幼儿边说儿歌《小小奶牛》，边做头部动作。

2．教师示范做游戏。老师重复说某一身体部位，如"眼睛，眼睛，眼睛"，同时请家长引导幼儿快速用手摸到该身体部位，并告诉幼儿"这是××"。

3．家长和幼儿随着音乐玩游戏。教师播放儿歌《头发肩膀膝盖脚》，请家长协助幼儿跟着音乐找到相应的身体部位。

4．教师清唱儿歌《头发肩膀膝盖脚》，并逐渐加快速度，锻炼幼儿的反应能力。

**家长指导语：** 对身体的认知是自我认知的一个方面。认识五官和身体部位能提升幼儿对自我的认知，建立自我概念。游戏中，如果幼儿不能对应做动作，家长不要着急，更不可以强迫幼儿去做，可以自己跟着教师做，以自己为榜样引导幼儿。

（四）主题活动二：纱巾游戏

教师引领幼儿和家长玩"纱巾游戏"，通过揉纱巾、用纱巾刺激幼儿的五官和身体不同部位，巩固幼儿对五官和身体部位的认知，发展幼儿的触觉。

**家长指导语：** 用纱巾刺激幼儿的五官和身体部位时，要注意动作轻柔，并把对应部位的名称说出来，增强幼儿的认知。

**家庭活动延伸：** 在家中，常带着幼儿跟着欢快的音乐一起变换动作走一走，增进幼儿的自我表现能力。

| | |
|---|---|
| 亲子活动 | 1．跟随音乐热身，鼓励幼儿积极参与"看样学样"游戏，促进其快速进入课堂状态；<br>2．引导幼儿大胆尝试在集体面前发言，做自我介绍；<br>3．仔细倾听儿歌，根据指令正确指出自己相应的身体部位；<br>4．家长能正确引导幼儿处理游戏过程中出现的问题，家长能做到有效回应；<br>5．活动最后能够引导幼儿收拾教具 |
| 教师活动 | 1．准备教具，创设良好的上课环境，正确示范教具操作步骤，引导幼儿与家长积极互动；<br>2．观察幼儿的游戏行为、观察亲子之间是否有有效互动；在游戏过程中适时介入，指导家长与幼儿的亲子互动；<br>3．将此次游戏的效果及过程做好记录，为后期对游戏进行改造升级提供数据支持 |
| 保育要点 | 1．活动过程中有无意外事故发生：<br>□有：<br>处理记录：<br><br>☑无<br>2．记录幼儿换装：<br>活动结束后自行更换衣物或汗巾<br>3．记录幼儿的饮水、如厕情况：<br>幼儿能自己主动喝水；部分幼儿不愿意上厕所，需要成人带领 |
| 思政情怀 | 1．情绪稳定、愉悦，感受集体活动的氛围，快速适应新环境<br>2．增强人际交往能力，学会轮流、等待和尊重他人 |

## 四、活动检测

| 小组任务 | 按照下列格式，综合运用所学，自选游戏主题，分别设计13～18月龄、19～24月龄、25～30月龄、31～36月龄认知亲子游戏活动各一个，并指出保育要点，上传"学习通" ||||
|---|---|---|---|---|
| 小组成员 | |||| 
| 年龄段 | 13～18月龄 | 19～24月龄 | 25～30月龄 | 31～36月龄 |
| 游戏主题 | | | | |
| 活动准备 环境准备 | | | | |
| 活动准备 物料准备 | | | | |
| 活动准备 幼儿准备 | | | | |

续表

| | | | | |
|---|---|---|---|---|
| 活动计划 | | | | |
| 活动实施 | | | | |
| 保育要点 | | | | |
| 思政情怀 | | | | |

## 五、活动评价

班级：　　　　　　姓名：　　　　　　学号：

| 评价标准 | 评分参考 | 参考分值 | 自评 | 组长评 | 教师评 |
| --- | --- | --- | --- | --- | --- |
| 任务完成情况 | 任务顺利完成，无失误、延误情况 | 0～20 | | | |
| 保育专业知识与技能 | 理论认知 | 理解游戏保育的重要性、方法及特点 | 0～6 | | | |
| | 技能掌握 | 能根据婴幼儿身心发展的特点设计并实施游戏保育措施，抓住活动的保育要点 | 0～6 | | | |
| | 扩展活动 | 能根据不同年龄婴幼儿的需求实施保育措施 | 0～6 | | | |
| 思政与价值导向 | 保育职业道德 | 树立游戏前、游戏中、游戏后的幼儿保育照护职业道德意识，能及时关注幼儿保育需求 | 0～8 | | | |
| | 集体意识 | 在活动实施中具有热爱集体、热爱生活的情怀 | 0～8 | | | |
| | 保育情怀 | 能在游戏实施过程中体现耐心、爱心，有谨慎的保育态度 | 0～8 | | | |
| 综合素质与通用能力 | 出勤 | 按时到岗，学习准备就绪，按时到达学习岗位 | 0～5 | | | |
| | 课堂纪律 | 能够参与合作，不缺席，不做与课堂无关的事 | 0～5 | | | |
| | 合作能力 | 能融入集体，有团结协作的精神 | 0～5 | | | |
| | 信息收集能力 | 在学习中积极主动，不怕困难，勇于探索，学习态度认真，虚心好学，与他人共同协作完成任务 | 0～5 | | | |
| | 沟通表达 | 在完成任务的过程中，遇到问题能共同讨论解决 | 0～5 | | | |

续表

| 综合素质与通用能力 | 创新能力 | 有强烈的好奇心和探索欲望，在活动中充分发挥个人特长，设计出具有个性的活动方案 | 0～5 | | | |
|---|---|---|---|---|---|---|
| 总分 | | | | | | |

| 自我总评 | |
|---|---|

| 小组评价 | 组长签名：_____  _____年_____月_____日 |
|---|---|

| 教师总评 | 教师签名：_____  _____年_____月_____日 |
|---|---|

# 活动 7　社会、语言游戏与学习活动保育

## 一、活动准备

【案例】

31～36月龄社会、语言游戏：找朋友。

【创设背景】

幼儿们第一次来到某早教亲子园时，互相不认识，只顾着玩自己喜欢的玩具，比较喜欢与父母交流，过分依赖父母，不太愿意与其他幼儿交流。因此，教师提出游戏建议：让幼儿从家里带上自己喜爱的玩具，开展"找朋友"主题亲子游戏。

【游戏目标】

1. 培养幼儿的社会交往能力和语言表达能力。
2. 体验找朋友的乐趣。

从【创设背景】【游戏目标】可以了解游戏从何而来，在日常游戏中关注相关经验与认知，从而明确游戏重点，为教师指导游戏做准备。

| | |
|---|---|
| 设计意图 | 31～36月龄幼儿所掌握的词汇量在增加，口语表达能力增强，可以和成人进行简单交流。这个阶段的幼儿对与同龄的交流很感兴趣，对富有想象力的游戏也很感兴趣。需要促进幼儿社交能力和语言表达能力的发展 |
| 游戏类型 | 社会语言游戏 |
| 游戏目的 | 培养幼儿的社会交往能力，培养幼儿的语言表达能力，使他们在音乐活动和玩具介绍中体验找朋友的乐趣 |
| 游戏场地要求 | 1. 平整、宽阔的室内活动场所，环境温馨安静；<br>2. 注意场所内安全及地面清洁卫生，提前排查细小物品以免幼儿误吞；<br>3. 活动场地干净整洁，温、湿度适宜 |
| 游戏规则 | 在自愿的情况下，主动与其他幼儿协商交换玩具 |
| 学习小组学生分组名单 | 组长：<br>组员： |

## 二、活动计划

【游戏准备】

音乐《问好歌》、儿歌《找朋友》、幼儿自带喜欢的玩具。

了解所需材料，鉴别其安全性、适宜性，以便及时调整。

| 游戏主题 | 找朋友 |
| --- | --- |
| 游戏材料 | 材料明细：音乐《问好歌》、儿歌《找朋友》、幼儿自带喜欢的玩具<br>消毒方式：清洗、日晒 |
| 预期目标 | 幼儿在游戏中能正确使用交换礼物的方式换取自己想要的玩具；能遵守交换玩具的规则；在游戏中感受尊重、礼貌交往的幸福感 |
| 保育要点 | 1．环境准备：游戏场地干净整洁、安全无毒，温、湿度适宜，适合开展活动<br>室内温度：26℃　　　　室内湿度：55%<br><br>2．活动场地存在的安全隐患：<br>地面光滑易滑倒；教室内的桌椅及储物柜没有进行软包<br><br>3．幼儿准备：<br>幼儿状态良好，无哭闹现象，喜欢参与游戏<br><br>4．照护者个人准备：<br>着装整齐，修剪好指甲，适宜开展活动 |

## 三、活动实施

【游戏过程】

活动目标：

1．培养幼儿的社会交往能力。

2．介绍自己喜爱的玩具，培养幼儿的语言表达能力。

3．在音乐活动和玩具介绍中体验找朋友的乐趣。

家长学习目标：

1．学习利用音乐调动和稳定幼儿情绪的方法。

2．了解语言表达能力对幼儿成长的重要性，掌握促进幼儿语言表达能力发展的游戏方法。

3．了解社会交往能力对幼儿成长发展的价值，掌握训练幼儿社会交往能力的指导方法。

**活动准备**：音乐《问好歌》、儿歌《找朋友》、幼儿自带喜欢的玩具。

**活动过程**：

（一）热身活动

教师播放音乐《问好歌》，带领家长和幼儿跟随着音乐模仿教师动动，"看样学样"，一起变换动作。

**家长指导语**：31～36月龄幼儿已经具备比较稳定的动作模仿能力。幼儿跟着音乐模仿教师的动作，能够带动幼儿进入课堂的情绪，体验并感受集体活动的氛围，有助于幼儿快速适应新环境。伴随着音乐跟小伙伴问好，可以培养幼儿与人打招呼的习惯，也可以发展他们的音乐感知能力。

（二）主题活动一：我喜欢的玩具

1．教师示范介绍喜欢的玩具："大家好，我是××老师。我最喜欢的玩具是小白兔玩偶，希望大家喜欢，谢谢！"同时把玩具展示给大家。

2．家长引导、协助幼儿介绍并展示自己喜欢的玩具。

**家长指导语**：

1．31～36月龄幼儿已经基本掌握语言系统和语法规则，具备一定的词汇量，能用语言进行日常交流，并能够选出自己喜欢的玩具。这个活动主要锻炼幼儿在集体面前大胆地说出自己的名字及喜欢的玩具，可促进幼儿社会的交往和语言能力的发展。

2．如果幼儿不太愿意在集体面前介绍自己和喜欢的玩具，不要强迫幼儿。家长要适当引导和协助幼儿，以饱满的热情参与活动，以自身的情绪感染幼儿。看到家长投入活动，幼儿会渐渐融入。家长还要善于观察幼儿的行为，对不同行为给予相应的回应，善于鼓励和肯定幼儿，培养幼儿的自信心。

（三）主题活动二：找朋友

1．教师念唱儿歌《找朋友》："找找找，找朋友，找到一个好朋友，抱一抱，拉拉手，你是我的好朋友。"并根据歌词示范找朋友的游戏动作，引导幼儿跟着一起念唱儿歌。

2．教师指导家长和幼儿练习念唱儿歌《找朋友》，做游戏动作。

3．家长带领幼儿一起做"找朋友"游戏。

4．家长引导幼儿大胆去找自己喜欢的小朋友做游戏，引导幼儿大胆与人交往。

**家长指导语**：家长鼓励幼儿唱出来，跟着节奏做动作，引导幼儿主动参与"找朋友"

游戏活动，去找朋友，发展社交能力。

（四）结束环节：和朋友说再见

教师带领家长和幼儿双手挥手告别，培养幼儿的社会交往能力。

**家庭活动延伸：**

1. 在家中，常带幼儿跟着欢快的音乐一起做律动操，可以增进幼儿的肢体协调和音乐感知力。

2. 在家中，家长可以和幼儿轮流介绍家中的物品，锻炼幼儿的语言表达能力。

3. 家长可以邀请幼儿喜欢的小朋友到家里做客，并认识他的家长，增强幼儿与他人交往的能力。

| | |
|---|---|
| 亲子活动 | 1. 跟随音乐热身，鼓励幼儿积极参与"看样学样"小游戏；<br>2. 引导幼儿在集体面前发言；<br>3. 根据儿歌完成"找朋友"游戏；<br>4. 家长能正确引导幼儿处理游戏过程中出现的问题，家长能做到有效回应；<br>5. 活动最后能够引导幼儿收拾教具 |
| 教师活动 | 1. 准备教具，创设良好的上课环境，正确示范教具操作步骤，引导幼儿与家长积极互动；<br>2. 观察幼儿的游戏行为、观察亲子之间是否有有效互动；在游戏过程中适时介入，指导家长与幼儿的亲子互动；<br>3. 将此次游戏的效果及过程做好记录，为后期对游戏进行改造升级提供数据支持 |
| 保育要点 | 1. 活动过程中有无意外事故发生：<br>□有：<br>处理记录：<br><br>☑无<br>2. 记录幼儿换装：<br>活动过程中没有进行剧烈运动，无须更换衣物<br>3. 记录幼儿的饮水、如厕情况：<br>幼儿能自己主动喝水；部分幼儿不愿意上厕所，需要教师带领 |
| 思政情怀 | 1. 发展自我意识，提高口语表达和倾听能力，增强自信心；<br>2. 增强人际交往能力，学会轮流、等待和尊重他人；<br>3. 情绪稳定、愉悦，感受集体活动的氛围，快速适应课堂环境 |

## 四、活动检测

| 小组任务 | 按照下列格式，综合运用所学，自选游戏主题，分别设计 13～18 月龄、19～24 月龄、25～30 月龄、31～36 月龄大动作亲子游戏活动各一个，并指出保育要点，上传"学习通" ||||
|---|---|---|---|---|
| 小组成员 | |||| 
| 年龄段 | 13～18 月龄 | 19～24 月龄 | 25～30 月龄 | 31～36 月龄 |
| 游戏主题 | | | | |
| 活动准备 环境准备 | | | | |
| 活动准备 物料准备 | | | | |
| 活动准备 幼儿准备 | | | | |

续表

| | | | | |
|---|---|---|---|---|
| 活动计划 | | | | |
| 活动实施 | | | | |
| 保育要点 | | | | |
| 思政情怀 | | | | |

## 五、活动评价

班级：　　　　　　　姓名：　　　　　　　学号：

| 评价标准 | 评分参考 | | 参考分值 | 自评 | 组长评 | 教师评 |
| --- | --- | --- | --- | --- | --- | --- |
| 任务完成情况 | 任务顺利完成，无失误、延误情况 | | 0～20 | | | |
| 保育专业知识与技能 | 理论认知 | 理解游戏保育的重要性、方法及特点 | 0～6 | | | |
| | 技能掌握 | 能根据婴幼儿身心发展的特点设计并实施游戏保育措施，抓住活动的保育要点 | 0～6 | | | |
| | 扩展活动 | 能根据不同年龄婴幼儿的需求实施保育措施 | 0～6 | | | |
| 思政与价值导向 | 保育职业道德 | 树立游戏前、游戏中、游戏后的幼儿保育照护职业道德意识，能及时关注幼儿保育需求 | 0～8 | | | |
| | 集体意识 | 在活动实施中具有热爱集体、热爱生活的情怀 | 0～8 | | | |
| | 保育情怀 | 能在游戏实施过程中体现耐心、爱心，有谨慎的保育态度 | 0～8 | | | |
| 综合素质与通用能力 | 出勤 | 按时到岗，学习准备就绪，按时到达学习岗位 | 0～5 | | | |
| | 课堂纪律 | 能够参与合作，不缺席，不做与课堂无关的事 | 0～5 | | | |
| | 合作能力 | 能融入集体，有团结协作的精神 | 0～5 | | | |
| | 信息收集能力 | 在学习中积极主动，不怕困难，勇于探索，学习态度认真，虚心好学，与他人共同协作完成任务 | 0～5 | | | |
| | 沟通表达 | 在完成任务的过程中，遇到问题能共同讨论解决 | 0～5 | | | |

续表

| 综合素质与通用能力 | 创新能力 | 有强烈的好奇心和探索欲望，在活动中充分发挥个人特长，设计出具有个性的活动方案 | 0~5 | | | |
|---|---|---|---|---|---|---|
| 总分 | | | | | | |

| 自我总评 | |
|---|---|

| 小组评价 | 组长签名：_____ _____年_____月_____日 |
|---|---|

| 教师总评 | 教师签名：_____ _____年_____月_____日 |
|---|---|

## 任务拓展

### 一、知识拓展

0~3岁亲子游戏主要全方位地开发婴幼儿的运动、语言、认知、情感、创造、社会交往等多种能力，使婴幼儿在快乐的活动中增进亲子感情，促进亲子间的交流，最终促进婴幼儿健康、和谐地发展。0~3岁亲子游戏形式灵活多样，内容丰富多彩，设计游戏活动时，应该坚持适宜性、适度性、指导性、互动性、开放性等原则。

1. 1~3岁亲子游戏设计的注意事项

（1）明确游戏目标和要求。教师应让家长充分了解游戏的目的和要求，以便于家长积极配合。

（2）设置开放的游戏时间。在每次游戏中，选择一个或几个游戏过程中遇到的问题开展讨论，并留出时间回答家长的问题，鼓励家长提出问题，开展有针对性的指导。

（3）及时总结。每次游戏后都要及时总结，并适当留一些家庭游戏作业。鼓励家长探索更新、更好的游戏形式与方法。

（4）关注婴幼儿的成长。教师要引导家长关注婴幼儿的成长变化，适当安排家长之间的交流，让家长对婴幼儿的发展有更充分的认识与理解。

2. 2~3岁幼儿能力发展顺序

只有掌握0~3岁幼儿各项能力的发展顺序，才能正确地组织相应的亲子游戏。

在这个阶段，幼儿的各项能力及个性特点都将不断发展。

（1）身体能力发展。幼儿开始掌握一些基本的身体技能，如行走、跑步等。他们的肌肉力量在不断增强，能够进行简单的爬行、跳跃等动作；手眼协调能力也逐渐提升，可以进行简单的画画、塑造等手工活动。

（2）语言能力发展。幼儿开始掌握一些基本的语言表达能力，可以听懂一些简单的指令，并逐渐能够用语言表达自己的需求。他们的词汇量在增加，能够用简单的词语叙述一些事情。此外，幼儿的语言理解能力也在逐渐提升，能够理解一些简单的故事和问题。

（3）社交能力发展。幼儿开始有较强的自我意识，并逐渐懂得与他人进行交流。他们开始具有一定的独立性，可以自己完成一些简单的任务。他们也会主动与他人互动，通过模仿和观察学习他人的行为。幼儿在这个阶段需要学会分享和合作，学会与他人一起玩耍。

（4）认知能力发展。幼儿开始对周围的事物产生浓厚的兴趣，会不断探索和观察。他们逐渐能够辨认一些基本的颜色和形状，并认识一些简单的物品。此外，幼儿开始理解时间的概念，并能够进行简单的排序和分类。他们的想象力也开始发展，能够进行一些简单的角色扮演活动。

（5）情感能力发展。幼儿的情感表达逐渐丰富，开始表达一些简单的情感，如开心、生气、伤心等。他们对周围的人和事物有了一定的情感依恋，更加依赖父母和固定教养人。他们也开始懂得体会他人的情绪，并会主动安慰他人。

（6）艺术能力发展。幼儿的艺术能力开始发展，喜欢通过涂鸦、画画等方式进行创作，逐渐能够用手工材料进行简单的手工活动，如剪纸、折纸等。幼儿在这个阶段也会对音乐和舞蹈产生兴趣，会跟随音乐的节奏进行一些简单的舞动。

总的来说，2~3岁是幼儿能力发展的一个非常关键的时期，其身体、语言、社交、认知、情感和艺术等方面的能力都在这个阶段得到发展。家长和教师可以通过提供适当的环境和教育方法，引导幼儿进行丰富多样的体验和活动，帮助他们发展出更多的能力和潜力。

## 二、技能拓展

在大动作游戏"好玩的球"的实施过程中，幼儿对大龙球不感兴趣或感到害怕，作为照护者，应如何继续开展游戏？

## 三、思政拓展

社会游戏是一项互动性极强的游戏，请问在社会游戏"面团真好玩"中，如何引导幼儿懂得节约粮食、珍惜粮食？

# 任务测试

## 一、选择题

1. （　　）符合婴幼儿的大动作发展的年龄特点。
    A．0~1岁以移动运动为主，1~2岁以发展基本运动技能为主
    B．0~1岁以移动运动为主，1~2岁从移动向基本运动技能过渡
    C．2~3岁以移动运动为主，3~4岁以发展基本运动技能为主
    D．0~1岁从移动运动向基本运动技能过度，2~3岁以发展基本运动技能为主
2. 婴幼儿动作的发展不仅有年龄方面的规律，其顺序还遵从（　　）。
    A．最初是局部的、准确的、专门化的，后逐渐分化为全身性的、笼统的、散漫的
    B．最初是全身性的、笼统的、散漫的，后逐渐分化为局部的、准确的、专门化的
    C．最初是局部的、笼统的、散漫的，后逐渐分化为全身性的、准确的、专门化的
    D．最初是局部的，发生在下肢，后逐渐分化为全身性的、准确的、专门化的
3. 为促进婴幼儿上下肢肌肉发达、灵巧，可采纳（　　）等训练方法。
    A．拼图游戏　　　B．骑车游戏　　　C．攀登架游戏　　　D．搭积木
4. （　　）是促进婴幼儿大动作发展的正确评价。

A．有利于促进精细动作的发展

B．动态、静态环境各有不同

C．有利于促进手眼协调的发展是首要的原则

D．充分考虑个体差异，不要轻易判断婴幼儿动作发展迟缓或有智力缺陷

5．婴幼儿的精细动作技能发展越好，标志着（　　）越好。

A．婴幼儿手眼协调能力的逐步增长

B．婴幼儿的大脑神经、骨骼肌肉和感觉组合的成熟度

C．精细动作游戏与婴儿两手动作的发展阶段匹配得

D．婴幼儿的认知能力随两手动作的发展

6．（　　）等可用于协调和控制能力的训练。

A．拼插、堆积　　　　　　　　B．玩胶泥、撕揉纸团

C．抛掷、敲击、推拉　　　　　D．抓物、取物

7．（　　）的游戏是1~3岁幼儿学习分类和了解积木形状、大小的首选游戏。

A．投掷积木　　　　　　　　　B．藏积木

C．排列积木　　　　　　　　　D．搭垒积木

8．（　　）不属于婴幼儿认知能力的主要内容。

A．早期空间概念和空间知觉

B．大小、几何图形和颜色的概念

C．自我身体的概念认知

D．生活自理能力

9．通常可采用（　　）的游戏提高婴幼儿的认知能力。

A．认识数字和汉字、认识颜色

B．认识汉字、认识颜色、认识自然现象

C．认识数字、认识时间、认识颜色

D．认识数字、认识颜色、练习画画、认识自然现象

10．（　　）是口语表达包含的主要内容。

A．肢体语言和书面语言的结合　　B．流利地说话

C．书面表达和身体动作表达　　　D．发音、音调、语法、语意

11．语言活动包含（　　）两个方面。

A．表达和理解 　　　　　　　　B．认知和判断

C．思维和判断 　　　　　　　　D．精细动作和大动作

12．（　　）体现了婴幼儿的社会适应能力。

A．学习能力

B．语言能力

C．动作技能

D．生活自理能力、社会交往能力、保持良好情绪和人格

13．通过（　　）可提高婴幼儿的社会适应能力。

A．独自一人玩耍

B．和父母、其他家庭成员和小伙伴交往

C．学会主动讨好成人

D．和父母在一起

14．在婴幼儿学习社会交往技能时，应该注意（　　）。

A．顺其自然地让婴幼儿自己去理解

B．到别人家作客时，无论婴幼儿有什么不良行为都不要批评他

C．让婴幼儿学会使用文明礼貌用语

D．家长不用教，婴幼儿长大就会明白

15．领域教学从婴幼儿的（　　）等几大领域的发展水平和目标实施教学。

A．大动作、精细动作、情绪和独自游戏

B．大动作、精细动作、认知、语言、社会行为培养

C．认知、思维能力、社会行为培养和自理能力

D．认知、语言、社会行为培养和集体游戏

## 二、填空题

1．大动作是指_____的动作，如抬头、翻身、坐、爬、站、走、跑、跳等；精细动作是指_____操作物体的动作，如摸、抓、拿、握、敲、捏、取、撕、拼、插等。

2．婴幼儿大动作发展的顺序遵循从上到下、从近到远、_____的规律。

3．2～3月龄婴儿会做出闭眼的反应，这是_____。

4．18~30月龄幼儿开始发展_____，即根据自己的外在特征把自己归为某一类，如年龄、性别、体格特征等，以区别自己和他人。

5．0~1岁是语言的准备阶段，被称为_____。

## 三、简答题

1．婴幼儿认知能力训练的注意事项是什么？

2．18月龄幼儿有哪些正常发育的情况（包括运动、语言和社会适应行为等）？

## 四、案例分析题

2岁半的亮亮语言发展有些迟缓，父母非常着急，于是经常念唱一些童谣给天听，如"什么尖尖尖上天？什么尖尖在水边？什么尖尖街上卖？什么尖尖姑娘前？宝塔尖尖尖上天。菱角尖在水边。粽子尖尖街上卖。花针尖尖姑娘前。"但效果不明显，于是求助家庭教养指导中心的林老师。林老师在了解情况后，认为这类童谣难度太大，孩子不容易理解，建议给亮亮多听一些儿歌和简单的故事来提高对语言的敏感性，在这个过程中也不需要过多地询问孩子，表示听得多了，自然就学会了。

根据上述案例回答下列问题：

1．你认为林老师的建议符合婴幼儿语言发展的规律吗？

2．林老师在指导过程中犯了哪些错误？

3．如果你是该社区的家庭教养指导员，遇到亮亮这样的情况，应该如何处理？

## 五、参考答案（扫描二维码获取）

## 任务三　创造性游戏与学习活动保育

### 任务目标

1. 知识目标

（1）了解幼儿创造性能力的发展阶段。

（2）理解幼儿角色游戏、表演游戏、结构游戏的概念、结构和特点。

（3）了解角色游戏、表演游戏、结构游戏的实施流程及思政情怀。

（4）了解角色游戏、表演游戏、结构游戏实施过程中的保育要点。

2. 技能目标

（1）能根据幼儿的发展需求选择适宜各年龄段的游戏内容。

（2）能根据各年龄阶段幼儿的特点进行游戏的设计和实施。

（3）能在不同游戏的组织和实施过程中正确进行保育工作。

3. 思政目标

（1）在学习过程中体现团结协作的意识，培养爱岗敬业的职业精神。

（2）培养包括认真负责的工作态度、较强的组织能力和动手能力的综合职业素养。

（3）将家国情怀、中华优秀传统文化融入创造性游戏的教学内容。

（4）将创造性游戏理论与实践有效结合，培养创新创造意识。

### 任务学时

本任务共 12 学时。

### 任务描述

创造性游戏是指幼儿以想象为中心，主动地、创造性地反映现实生活的游戏，是幼儿典型的、特有的游戏，包括角色游戏、表演游戏和结构游戏。

创造性游戏有三大特点，一是幼儿在创造性游戏中反映现实生活，不是简单地直接再现，而是将其所积累的知识和印象加以改造，创造新形象；二是游戏内容由幼儿自己构思，幼儿可以根据自己的知识经验任意想象，来确定游戏内容；三是游戏规则自然地反映了人们的行为规则和彼此的关系。

本任务详细介绍创造性游戏与学习活动的分类、作用与功能、组织与指导、游戏过程中的保育要点。学习者结合幼教机构、早教机构的具体案例，可理解并运用创造性游戏的指导要点，完成角色游戏、表演游戏和结构游戏等创造性游戏的实施和保育工作；参照《保育师国家职业技能标准（2021年版）》，确定创造性游戏对应的保育技能要点，通过完成任务的方式掌握幼儿照护职业技能等级证书（初试）考试的相关内容。

# 知识储备

## 一、创造性游戏概述

| 游戏类型 | 概念 | 结构 | 特点 |
| --- | --- | --- | --- |
| 角色游戏 | 幼儿按照自己的意愿，以模仿和想象为基础，借助真实或替代的材料，通过扮演角色，创造地再现其周围社会生活的游戏，又称象征性游戏 | 1. 角色扮演；<br>2. 对材料的假想；<br>3. 对游戏动作和情境的假想；<br>4. 内在的游戏规则 | 具有表征性、独立自主性、社会性 |
| 表演游戏 | 幼儿根据故事或童话等文学作品的内容和情节，通过扮演角色，运用语言、动作和表情进行创造性表演的游戏 | 1. 角色扮演；<br>2. 脚本；<br>3. 较多的对话 | 表演性、游戏性、创造性 |
| 结构游戏 | 也称建构游戏，是幼儿利用各种建筑、结构材料（如积木、积塑、沙、土、金属部件等）进行建设与构造物体形象，反映现实活动的游戏 | 1. 建构材料；<br>2. 有造型的作品 | 以材料为基础；动手操作性强；具有创造性、造型艺术性 |

## 二、创造性游戏的教育作用及类型

创造性游戏是幼儿时期最重要的游戏形式之一，开展创造性游戏有助于幼儿德育、智育、体育、美育、劳育五个方面的发展。（具体内容可扫描二维码阅读。）

| 游戏类型 | 教育作用 | 类型 |
| --- | --- | --- |
| 角色游戏 | 1. 有助于幼儿习得社会性行为，发展交往能力；<br>2. 有助于培养幼儿的主动性、独立性 | 娃娃家、过家家、邮局游戏、医院游戏、超市游戏等 |
| 表演游戏 | 1. 帮助幼儿加深对文艺作品的理解；<br>2. 锻炼幼儿的交往能力，增强他们的集体观念和自信心、独立性；<br>3. 促进幼儿想象力和创造力的发展；<br>4. 发展幼儿的语言和表演才能 | 幼儿表演、桌面表演、木偶表演、影子戏表演 |
| 结构游戏 | 1. 培养幼儿动作的精确性和手眼协调能力；<br>2. 对发展幼儿的智力有特殊作用；<br>3. 培养幼儿良好的意志品质和合作精神；<br>4. 提高幼儿的审美能力和创造力；<br>5. 有助于培养幼儿的生活情趣和对生活的热爱 | 积木建筑游戏，积竹游戏，积塑构造游戏，金属构造游戏，拼图游戏，拼棒游戏，串珠、穿线、编织游戏，玩沙、玩水、玩雪的游戏 |

角色游戏[①] 　　　　　　　　　　　表演游戏[①]

---

[①]图片来源：深圳市光明区凤凰东升幼儿园。

结构游戏[1]

## 三、创造性游戏的目标

创造性游戏为幼儿提供了实践社会行为的机会，有助于培养幼儿的主动性和独立性，可促进幼儿想象力和创造力的发展，同时可增强幼儿的集体观念和社会交往能力。不同年龄段幼儿进行创造性游戏有其不同的目标（具体内容可扫描二维码阅读），教师可以根据不同年龄段实施相应的指导和保育工作。

## 四、创造性游戏的特点

根据幼儿年龄段，掌握小、中、大班幼儿的创造性游戏的特点，教师可运用相关知识分析幼儿在进行创造性游戏时的各种现象，进行创造性游戏的组织与指导。

---

[1]图片来源：深圳市光明区凤凰东升幼儿园。

| 游戏类型 | 特　点 |||
|---|---|---|---|
| | 小　班 | 中　班 | 大　班 |
| 角色游戏 | 1．角色意识：易出现角色混淆，经常转换角色；<br>2．游戏阶段：独自游戏及平行游戏；<br>3．游戏主题：情节单一，动作单调、重复 | 1．角色意识：喜欢游戏中的"核心角色"，根据自己的爱好选择角色；<br>2．游戏阶段：联合游戏阶段；<br>3．游戏主题：丰富但不稳定，情节比小班丰富，有时会自行创设主题 | 1．角色意识：自主确定主题和商量选定角色；<br>2．游戏阶段：合作游戏阶段；<br>3．游戏主题：主题多样，情节丰富，主题来源于生活场景、动画片等 |
| 表演游戏 | 1．角色意识：意识不强，交往欲望低；<br>2．游戏主题：没有明确的目的和主题；<br>3．表演能力：较弱，不会自主开展游戏，不能自主地、创造性地延展内容，需要教师提示才能完成表演 | 1．角色意识：能独立进行角色分配，但角色轮换意识弱；<br>2．游戏主题：计划性差，进入主题较慢；<br>3．表演能力：动作、语言不够生动，较少运用表情表现角色，需要教师提示才能完成表演 | 1．角色意识：能独立分配角色，角色认同、轮换意识强，进入表演状态快；<br>2．游戏主题：计划性、目的性强，能自主表现作品内容；<br>3．表演能力：具备一定的表演技巧，能灵活运用多种表现手段，但表演水平仍待提高 |
| 结构游戏 | 1．建构形式：以独自游戏、平行游戏为主；<br>2．建构主题：缺乏明确的意向，不会事先构思，建构无目的性<br>3．建构技能：以平铺、延伸、叠高为主，喜欢将结构材料垒高，然后推倒，再垒高、推倒，乐此不疲 | 1．建构形式：以联合游戏为主，有了初步的合作建构意识和初步的分工；<br>2．建构主题：有主题，但单一易变化，建构目的性逐步提高，开始关注建构成果；<br>3．建构技能：以架空为主，能运用架空、排列、组合、拼插、镶嵌、模式的建构技能，开始注意建构物体的平衡、对称装饰 | 1．建构形式：以合作游戏为主，能共同商议一定的设想和建构的假设，能进行分工；<br>2．建构主题：能预定情节复杂、内容多样的主题，较丰富，能根据搭建的情景需要不断生成新的主题<br>3．建构技能：能综合运用转向、穿过、平式连接、交叉连接、编织、黏合等技能，能搭建出有情节、有场景，对称、平衡兼备的立体作品 |

幼儿根据图样进行建构游戏① 　　　　　　幼儿使用积塑材料进行游戏①

## 五、创造性游戏的组织与指导

《3～6岁儿童学习与发展指南》（以下简称《指南》）中指出："要珍视游戏和生活的独特价值，最大限度地支持和满足幼儿通过直接感知、实际操作和亲身体验获取经验的需要"。教师应充分认识创造性游戏的价值，熟练掌握各年龄段幼儿进行创造性游戏的组织与指导要点，引导幼儿开展游戏，促进幼儿身心发展。

幼儿进行拼插类结构游戏① 　　　　　　幼儿进行表演游戏①

---

①图片来源：深圳市光明区凤凰东升幼儿园。

任务三　创造性游戏与学习活动保育

幼儿进行合作搭建[①]

| 游戏类型 | 内容 | 小班 | 中班 | 大班 |
|---|---|---|---|---|
| 角色游戏 | 主题确定 | 通过确定主题，设计吸引幼儿的游戏环节，帮助幼儿确定主题 | 组织讨论或投票，协助幼儿确定主题 | 将确定游戏主题的主动权交给幼儿 |
| | 角色指导 | 教师根据参与游戏幼儿的特点分配角色，等幼儿游戏经验丰富后，让幼儿自己选择角色表演 | 运用轮流、猜拳、竞争的方法引导幼儿分配角色；幼儿专注游戏时，教师充当观察员；幼儿发生冲突时，教师介入游戏，辅助幼儿调和角色冲突 | 可利用流程图引导幼儿自主调和角色，或采用投票推选、轮流推选、公平竞选等方式自行解决 |
| | 材料投放 | 提供种类少、数量多的仿真玩具 | 1. 数量充足、种类多的材料；2. 根据主题按比例投放低结构材料（如纸杯、竹筒、树枝、杯子等）和高结构材料（如积木、拼图、拼插木等） | 提供有可活动、可操作性的材料、反映细节特征的玩具材料；以低结构材料为主，鼓励自制材料 |
| | 游戏评价 | 引导幼儿说一说自己扮演的角色 | 以教师评价为主，幼儿评价为辅 | 1. 以幼儿评价为主；2. 对游戏过程、游戏成果、游戏材料及游戏经验进行讨论 |

①图片来源：深圳市光明区凤凰东升幼儿园。

续表

| 游戏类型 | 内容 | 小班 | 中班 | 大班 |
|---|---|---|---|---|
| 表演游戏 | 主题确定 | 主题明确、内容简单、生动有趣的文学作品，如《小青蛙找家》 | 幼儿可以进行仿编的表演游戏 | 引导幼儿在原作品基础上进行适当创编 |
| | 角色指导 | 教师可以指定或参与幼儿角色分配 | 讲解角色更换原则 | 自主分配角色 |
| | 游戏场地/材料 | 形象、简单、方便的道具或材料 | 准备简单且容易制作的材料 | 自主布置场地、游戏材料 |
| | 游戏评价 | 评价幼儿的动作表现力 | 从语言、动作、表情相辅相成方面着手 | 及时对表演游戏的语气、语调、动作、故事表现给予反馈 |
| 结构游戏 | 主题确定 | 平行方法介入、提问方法介入 | 引导确定游戏主题 | 协商确定主题，商量建构的步骤、方法 |
| | 游戏技能 | 学习平铺、延伸、叠高、围合、盖顶、加宽、加高等基本建构技能 | 学习架空、排列、组合、拼插、镶嵌、模式等建构技能 | 1. 学习转向、穿过、平式连接、交叉连接、编织、黏合等技能；2. 搭建立交桥、拱门桥等三维物体 |

*续表*

| 游戏类型 | 内容 | 小班 | 中班 | 大班 |
|---|---|---|---|---|
| 结构游戏 | 游戏场地/材料 | 1．场地宽敞；<br>2．简单、鲜艳、易拼插、生动有趣的动物模型、玩具小汽车等辅助材料；<br>3．种类不宜过多，同种类材料的数量要足够多 | 1．场地宽敞；<br>2．交通工具模型、小动物玩具、灯柱、塑料管等废旧物品、纸盒等辅助材料；<br>3．种类丰富多样、形态多变的材料；<br>4．材料种类增多，但每种材料的数量不宜太多 | 1．种类多样、形态多元、精细的、有变化的、富有特色的建筑物绘本、图片；<br>2．适当投放不规则材料；<br>3．鼓励幼儿亲手制作辅助材料 |
| | 游戏结束 | 1．轻拿轻放，不乱扔，分门别类整理材料；<br>2．开展作品展示活动 | 1．轻拿轻放，不乱扔，分门别类整理材料；<br>2．开展作品欣赏活动 | 1．有序结束游戏；<br>2．收拾整理材料；<br>3．开展作品展示、欣赏、评价活动 |

## 五、创造性游戏的保育要求

创造性游戏中的保育工作不是简单机械地对玩/教具进行清理，而是要用教育者的思维和眼光审视幼儿游戏环境的安全性、发展适宜性、参与性，通过观察和完善游戏环境，使幼儿更好地开展创造性游戏。

1．游戏前

（1）对玩具、教具和环境进行清洁和消毒。

（2）反复确认游戏环境的安全性。

（3）检查幼儿的着装，穿戴汗巾。

2．游戏时

（1）观察幼儿开展游戏，必要时适当介入。

（2）注意提醒幼儿在游戏过程中进行饮水、如厕、脱换衣物。

3. 游戏后

（1）带领幼儿收拾场地和材料。

（2）引导幼儿进行自我清洁和管理。

（3）进行玩/教具和场地的清洁消毒。

幼儿进行角色游戏[1]　　　　　　　幼儿进行结构游戏[1]

## 实训活动

### 活动8　角色游戏与学习活动保育

#### 一、活动准备

【案例】

小班角色游戏：娃娃家。

【创设背景】幼儿入园1个月后，慢慢适应了幼儿园生活，但同伴间仍然感到陌生。"娃娃家"是幼儿喜欢的区域。他们在"煮饭""抱娃娃"中获得了操作玩具的乐趣，但在选择玩具时，常常游走于各区域，拿起一种玩具又放下，经常向教师提出困惑："老师，我不知道玩什么。"为了让幼儿真正有自主选择的愉悦性体验，并在学做小客人时建立归属感，教师提出游戏建议：先让幼儿熟悉游戏玩法，熟悉同伴，进而真正进入游戏的状态。

---

[1] 图片来源：深圳市光明区凤凰东升幼儿园。

## 【游戏目标】

1. 乐意扮演角色。
2. 学习使用简单的礼貌用语招待小客人。
3. 懂得按自己的意愿选择游戏。

从【创设背景】【游戏目标】可以了解游戏从何而来,在日常生活中关注相关经验与认知,从而明确游戏重点,为教师指导游戏做准备。

| | |
|---|---|
| 设计意图 | 幼儿是天真烂漫的,通过角色扮演,可在模拟的环境中消除刚入园幼儿的陌生感,从而更快地促进幼儿社会能力和合作能力的发展,促进幼儿的语言表达能力和认知水平的发展,提升幼儿的意志品质 |
| 游戏类型 | 角色游戏 |
| 游戏目的 | 1. 乐意扮演角色;<br>2. 学习使用简单的礼貌用语招待小客人;<br>3. 懂得按自己的意愿选择游戏 |
| 游戏场地要求 | 1. 选择光线柔和、两面靠墙,相对安全、安静的小空间;<br>2. 小班幼儿特别容易被色彩艳丽的游戏环境吸引,进而激发游戏的愿望,因此创造的环境要求实用、美观,要让幼儿有美的感受;<br>3. 将活动区划分为客厅、卧室、厨房、餐厅和卫生间 |
| 游戏规则 | 幼儿在"娃娃家"里模仿家人的行为 |
| 学习小组学生分组名单 | 组长:<br>组员: |

## 二、活动计划

### 【游戏准备】

将幼儿的全家福照片布置在"娃娃家",摆放家具、玩具、娃娃床、娃娃若干个,娃娃的衣服、沙发、厨房用具、电话、电视机、洗衣机、微波炉、常用盥洗打扫用具等。

了解所需材料,鉴别其安全性、适宜性,以便及时调整。

| 游戏主题 | 娃娃家 |
|---|---|
| 游戏材料 | 材料明细：家具、玩具；娃娃床、娃娃若干个，娃娃的衣服，沙发，厨房用具、电话、电视机、洗衣机、微波炉、常用盥洗打扫用具（或模型）<br>消毒方式：喷洒消毒水、清水擦拭、日晒 |
| 预期目标 | 幼儿能快速进入游戏，并且积极进行社交 |
| 保育要点 | 1．环境准备：游戏场地干净整洁、安全无毒，温、湿度适宜，适合开展活动<br>室内温度：26℃　　　　　室内湿度：55%<br><br>2．活动场地存在的安全隐患：<br>地面光滑易滑倒；教室内的桌椅及储物柜没有进行软包<br><br>3．幼儿准备：<br>幼儿状态良好，无哭闹现象，喜欢参与游戏<br><br>4．教师个人准备：<br>着装整齐，修剪好指甲，适宜开展活动 |

## 三、活动实施

**【游戏过程】**

（一）分享经验

1．交流游戏经验：在"娃娃家"里，你喜欢扮演谁呢？都做些什么事情？

教师根据幼儿的回答，展示相应的照片。

2．交流生活发现：爸爸、妈妈在家还会做哪些事情？

教师展示幼儿收集的照片。

（二）游戏内容——小客人做客

1．问："娃娃家"里已经住满了小主人，还有小朋友想去玩，怎么办？

2．讨论：怎样招待小客人？怎样做文明的小客人？

3．认真倾听故事《做客礼仪》：通过故事内容明白，如果是主人，招待客人要热情，提前询问客人不喜欢的东西。做客时要懂得"去别人家时应先敲门，然后问好，换鞋进入家中；主人端茶请你坐下时记得说'谢谢'；在别人家做客时不能随便翻动主人的东西，拿之前要先询问；离开时记得和主人说'再见'"等做客礼仪。

4．幼儿进入"娃娃家"进行游戏，教师观察记录。

（三）总结

当天活动结束后，教师与幼儿共同分享和总结经验，以便更好地调整区域设置。

| | |
|---|---|
| 幼儿活动 | 乐于在集体面前分享，耐心倾听故事，能够和教师一起布置区域 |
| 教师活动 | 1．准备教具，创设良好的游戏环境，引导幼儿积极互动；<br>2．观察幼儿的游戏行为，在游戏过程中适时介入；<br>3．将此次游戏的效果及过程做好记录，为后期游戏进行改造升级提供数据支持 |
| 保育要点 | 1．活动过程中有无意外事故发生：<br>□有：<br>处理记录：<br><br>☑无<br>2．记录幼儿换装：<br>活动过程中没有进行剧烈运动，无须更换衣物<br>3．记录幼儿的饮水、如厕情况：<br>幼儿能自己主动喝水；部分幼儿不愿意上厕所，需要教师带领 |
| 思政情怀 | 1．发展自我意识，提高口语表达和倾听能力，增强自信心；<br>2．增强人际交往能力，学会轮流、等待和尊重他人 |

## 四、活动检测

| 小组任务 | 按照下列格式，综合运用所学，分别设计小、中、大班角色游戏场景各一个，并指出保育要点，上传"学习通" |||
|---|---|---|---|
| 小组成员 ||||
| 年龄段 | 小　班 | 中　班 | 大　班 |
| 游戏主题 ||||
| 活动准备 | 环境准备 | | | |
| | 物料准备 | | | |
| | 幼儿准备 | | | |
| 活动计划 ||||

续表

| | | | |
|---|---|---|---|
| 活动实施 | | | |
| 保育要点 | | | |
| 思政情怀 | | | |

## 五、活动评价

班级：　　　　　　　姓名：　　　　　　　学号：

| 评价标准 | 评分参考 | 参考分值 | 自评 | 组长评 | 教师评 |
| --- | --- | --- | --- | --- | --- |
| 任务完成情况 | 任务顺利完成，无失误、延误情况 | 0～20 | | | |
| 保育专业知识与技能 | 理论认知 | 理解游戏保育的重要性、方法及特点 | 0～6 | | | |
| | 技能掌握 | 能根据婴幼儿身心发展的特点设计并实施游戏保育措施，抓住活动的保育要点 | 0～6 | | | |
| | 扩展活动 | 能根据不同年龄婴幼儿的需求实施保育措施 | 0～6 | | | |
| 思政与价值导向 | 保育职业道德 | 树立游戏前、游戏中、游戏后的幼儿保育照护职业道德意识，能及时关注幼儿保育需求 | 0～8 | | | |
| | 集体意识 | 在活动实施中具有热爱集体、热爱生活的情怀 | 0～8 | | | |
| | 保育情怀 | 能在游戏实施过程中体现耐心、爱心，有谨慎的保育态度 | 0～8 | | | |
| 综合素质与通用能力 | 出勤 | 按时到岗，学习准备就绪，按时到达学习岗位 | 0～5 | | | |
| | 课堂纪律 | 能够参与合作，不缺席，不做与课堂无关的事 | 0～5 | | | |
| | 合作能力 | 能融入集体，有团结协作的精神 | 0～5 | | | |
| | 信息收集能力 | 在学习中积极主动，不怕困难，勇于探索，学习态度认真，虚心好学，与他人共同协作完成任务 | 0～5 | | | |
| | 沟通表达 | 在完成任务的过程中，遇到问题能共同讨论解决 | 0～5 | | | |

续表

| 综合素质与通用能力 | 创新能力 | 有强烈的好奇心和探索欲望，在活动中充分发挥个人特长，设计出具有个性的活动方案 | 0～5 | | | |
|---|---|---|---|---|---|---|
| 总分 | | | | | | |

| 自我总评 | |
|---|---|

| 小组评价 | 组长签名：＿＿＿＿＿＿　＿＿＿＿年＿＿＿月＿＿＿日 |
|---|---|

| 教师总评 | 教师签名：＿＿＿＿＿＿　＿＿＿＿年＿＿＿月＿＿＿日 |
|---|---|

## 活动9　表演游戏与学习活动保育

### 一、活动准备

**【案例】**

大班表演游戏：小熊请客。

**【创设背景】** 在阅读区，大班幼儿对一本名为《小熊请客》的绘本非常感兴趣，讨论着"小熊""狐狸""小猫"等角色，在区域活动时还玩起了角色对话。为了把握幼儿开展表演游戏的兴趣和欲望，教师准备在以"小熊请客"为主题组织一场表演游戏活动。

**【游戏目标】**

1. 乐意进行表演。

2. 能用生动的语言、表情和动作将故事表演出来。

3. 能借助常用的动物造型、游戏材料进行故事表演。

从【创设背景】【游戏目标】可以了解游戏从何而来，在日常生活中关注相关经验与认知，从而明确游戏重点，为教师指导游戏做准备。

| | |
|---|---|
| 设计意图 | 在理解文学作品的基础上，能够积极地参加表演游戏活动，在语言、动作、表情等方面初步学习表现角色的性格特征，能合作设计和布置游戏场景。通过表演游戏，提高大班幼儿的团队合作能力、表达能力，充分释放其天性 |
| 游戏类型 | 表演游戏 |
| 游戏目的 | 1. 乐意进行表演；<br>2. 能用生动的语言、表情和动作将故事表演出来；<br>3. 能借助常用的动物造型、游戏材料进行故事表演 |
| 游戏场地要求 | 1. 游戏场地干净、整洁；<br>2. 温、湿度适宜；<br>3. 安全，无危险物品；<br>4. 场地布置合理，适合幼儿活动 |

续表

| 游戏规则 | 根据故事情节进行角色分配、道具制作、剧情表演 |
|---|---|
| 学习小组学生分组名单 | 组长：<br>组员： |

## 二、活动计划

【游戏准备】

1. 场地：在教室的平地上或活动室中，用小椅子、小桌子或较大的积木围起来作为小舞台，设置为固定的表演区；或用标记分出"台上"和"台下"。

2. 布景：用大型积木搭建，在积木上挂上或粘上"小熊家"几个字代表小熊的家；布置一个能开合的假门。

3. 服装与道具：小熊、狐狸、小鸟、小猫、小花狗、小鸡手偶或头饰，小鱼、石头、肉骨头、小虫子、花朵等仿真道具。

了解所需材料，鉴别其安全性、适宜性，以便及时调整。

| 游戏主题 | 小熊请客 |
|---|---|
| 游戏材料 | 材料明细：表演区（小舞台）、表演服装、自制道具<br>消毒方式：喷洒消毒水、清水擦拭、日晒 |
| 预期目标 | 幼儿能够在充分理解故事内容的基础上主动合作，能用生动的语言、表情和动作将故事表演出来，发挥自己的优势和特长；能借助常用的动物造型、游戏材料进行故事表演 |

续表

| 保育要点 | 1. 环境准备：游戏场地干净整洁、安全无毒，温、湿度适宜，适合开展活动<br>室内温度：26℃　　　　室内湿度：55%<br><br>2. 活动场地存在的安全隐患：<br>地面光滑易滑倒；教室内的桌椅及储物柜没有进行软包<br><br>3. 幼儿准备：<br>幼儿状态良好，喜欢参与游戏<br><br>4. 教师个人准备：<br>着装整齐，修剪好指甲，适宜开展活动 |
|---|---|

## 三、活动实施

【游戏过程】

（一）指导分配角色

1. 指导协商分配角色：你们都想扮演谁？如何安排角色？

教师根据幼儿的选择进行指导，对个别只愿意当主角的幼儿进行说服教育。

2. 讨论角色：教师用讨论的方式帮助幼儿注意不同的对话与角色的语气、语调，用动作、表情来塑造角色。教师展示表演视频。

（二）游戏内容——小熊请客

1. 教师提问：故事中小熊请客都请了谁？小熊准备了什么好吃的？小狐狸最终成功到小熊家做客了吗？

2. 幼儿根据自己的设计和协商，分配角色，制作道具，教师随时提供帮助。

| | |
|---|---|
| 幼儿活动 | 倾听、理解故事，分配角色，协商分工 |
| 教师活动 | 1．准备充足的材料，引导幼儿主动游戏、积极互动，自己尝试解决问题；<br>2．观察幼儿的游戏行为，在游戏过程中适时介入；<br>3．将此次游戏的效果及过程做好记录，为后期对游戏进行改造升级提供数据支持 |
| 保育要点 | 1．活动过程中有无意外事故发生：<br>□有：<br>处理记录：<br><br>☑无<br>2．记录幼儿换装：<br>活动过程中没有进行剧烈运动，无须更换衣物<br><br>3．记录幼儿的饮水、如厕情况：<br>幼儿能自己主动喝水、如厕 |
| 思政情怀 | 1．提高口语表达和倾听能力，增强自信心；<br>2．锻炼发现问题、解决问题的能力；<br>3．情绪稳定、愉悦，感受集体活动的氛围，促进合作能力的培养 |

## 四、活动检测

| 小组任务 | 按照下列格式，综合运用所学，分别设计小、中、大班角色游戏场景各一个，并指出保育要点，上传"学习通" |||
|---|---|---|---|
| 小组成员 ||||
| 年龄段 | 小　班 | 中　班 | 大　班 |
| 游戏主题 ||||
| 活动准备 | 环境准备 ||||
| ^ | 物料准备 ||||
| ^ | 幼儿准备 ||||
| 活动计划 ||||

续表

| | | | |
|---|---|---|---|
| 活动实施 | | | |
| 保育要点 | | | |
| 思政情怀 | | | |

## 五、活动评价

班级：　　　　　　　姓名：　　　　　　　学号：

| 评价标准 | 评分参考 | | 参考分值 | 自评 | 组长评 | 教师评 |
|---|---|---|---|---|---|---|
| 任务完成情况 | 任务顺利完成，无失误、延误情况 | | 0～20 | | | |
| 保育专业知识与技能 | 理论认知 | 理解游戏保育的重要性、方法及特点 | 0～6 | | | |
| | 技能掌握 | 能根据婴幼儿身心发展的特点设计并实施游戏保育措施，抓住活动的保育要点 | 0～6 | | | |
| | 扩展活动 | 能根据不同年龄婴幼儿的需求实施保育措施 | 0～6 | | | |
| 思政与价值导向 | 保育职业道德 | 树立游戏前、游戏中、游戏后的幼儿保育照护职业道德意识，能及时关注幼儿保育需求 | 0～8 | | | |
| | 集体意识 | 在活动实施中具有热爱集体、热爱生活的情怀 | 0～8 | | | |
| | 保育情怀 | 能在游戏实施过程中体现耐心、爱心，有谨慎的保育态度 | 0～8 | | | |
| 综合素质与通用能力 | 出勤 | 按时到岗，学习准备就绪，按时到达学习岗位 | 0～5 | | | |
| | 课堂纪律 | 能够参与合作，不缺席，不做与课堂无关的事 | 0～5 | | | |
| | 合作能力 | 能融入集体，有团结协作的精神 | 0～5 | | | |
| | 信息收集能力 | 在学习中积极主动，不怕困难，勇于探索，学习态度认真，虚心好学，与他人共同协作完成任务 | 0～5 | | | |
| | 沟通表达 | 在完成任务的过程中，遇到问题能共同讨论解决 | 0～5 | | | |

续表

| 综合素质与通用能力 | 创新能力 | 有强烈的好奇心和探索欲望，在活动中充分发挥个人特长，设计出具有个性的活动方案 | 0~5 | | | |
|---|---|---|---|---|---|---|
| 总分 | | | | | | |

| 自我总评 | |
|---|---|

| 小组评价 | 组长签名：_____  _____年_____月_____日 |
|---|---|

| 教师总评 | 教师签名：_____  _____年_____月_____日 |
|---|---|

## 活动10  结构游戏与学习活动保育

### 一、活动准备

【案例】

中班结构游戏：幼儿园的房子。

【创设背景】教师在组织中班幼儿玩结构游戏，幼儿表现出对建构材料的强烈兴趣，开始搭建桥、高楼、各种各样的房子。中班幼儿的生活经验比小班幼儿更加丰富，建构的内容也更加多样化，开始利用建构物体进行象征性游戏，不仅对建构的过程感兴趣，而是开始关注建构的成果。中班幼儿在玩结构游戏时，容易受到同伴的影响，搭建的技能以架空为主。为了丰富幼儿的生活经验，提高其建构技能，教师提出游戏建议，提升幼儿的"结构印象"，为结构游戏积累丰富的结构"印象"。

【游戏目标】

1．喜欢结构游戏，感受结构游戏的快乐。

2．学习简单的架空、覆盖、塔式等建构技能。

3．能有目的、有计划地进行搭建。

从【创设背景】【游戏目标】可以了解游戏从何而来，在日常生活中关注相关经验与认知，从而明确游戏重点，为教师指导游戏做准备。

| 设计意图 | 幼儿表现出对建构材料的强烈兴趣，开始搭建桥、高楼、各种各样的房子，中班幼儿的生活经验比小班幼儿更加丰富，建构的内容也更加多样化，开始利用建构物体进行象征性游戏，不仅对建构的过程感兴趣，而且开始关注建构的成果。中班幼儿在玩结构游戏时，容易受到同伴的影响，搭建的技能以架空为主。此游戏可丰富幼儿的生活经验，提高其建构技能 |
|---|---|
| 游戏类型 | 结构游戏 |
| 游戏目的 | 学习简单的架空、覆盖、塔式等建构技能，能有目的、有计划地进行搭建，丰富幼儿的生活经验，提高其建构技能 |

续表

| | |
|---|---|
| 游戏场地要求 | 1. 场地应较宽敞、平整，有较大且相对独立的空间，能充分满足幼儿活动的需要；<br>2. 最好有能够保留和展示幼儿作品的空间，地面有铺设物，既可减震、除噪、保暖，也可作为区域的分界线；<br>3. 尽量不与安静的区域在一起，如美工区、阅读区 |
| 游戏规则 | 利用建构区内的积木类、积塑类及其他建构材料，用架空、覆盖、塔式等搭建方式自主或合作完成搭建任务 |
| 学习小组学生分组名单 | 组长：<br>组员： |

## 二、活动计划

【游戏准备】

1. 幼儿园房子图片：将幼儿园的各种房子照片布置在建构区内，如幼儿园的寝室、厨房、卫生室、房顶等的照片。

2. 结构材料：三角形、圆形、长方形等形状的空心积木及实心积木等小、中、大型积木材料；雪花片、齿轮拼插片等积塑材料、积竹材料。

3. 建构技能学习：通过讲解、示范、引导等方式教会幼儿认识规格不一的材料，如高低、厚薄不一，图案造型、圆形、三角形、正方形、菱形的积木等，尽可能提供丰富的建构图片，尝试让幼儿独立建构，帮助幼儿学习建构材料的架空、排列组合、拼插等建构技能。

了解所需材料，鉴别其安全性、适宜性，以便及时调整。

| | |
|---|---|
| 游戏主题 | 幼儿园的房子 |
| 游戏材料 | 材料明细：三角形、圆形、长方形等形状的空心积木及实心积木等小、中、大型积木材料；雪花片、齿轮拼插片等积塑材料、积竹材料<br>消毒方式：喷洒消毒水、清水擦拭、日晒 |

续表

| 预期目标 | 幼儿能积极参与游戏，并完成建构作品 |
|---|---|
| 保育要点 | 1. 环境准备：游戏场地干净整洁、安全无毒，温、湿度适宜，适合开展活动<br>室内温度：26℃　　　　室内湿度：55%<br><br>2. 活动场地存在的安全隐患：<br>地面光滑易滑倒；教室内的桌椅及储物柜没有进行软包<br><br>3. 幼儿准备：<br>幼儿状态良好，无哭闹现象，喜欢参与游戏<br><br>4. 教师个人准备：<br>着装整齐，修剪好指甲，适宜开展活动 |

## 三、活动实施

**【游戏过程】**

（一）分享经验

1. 交流游戏经验：幼儿园有哪些房子？它们是什么形状的？

教师根据幼儿的回答，展示幼儿园的房子的照片。

2. 交流经验发现：幼儿对幼儿园的房子有一定了解，对其中一些房子的构造有一定的观察能力。

（二）主题

1. 教师问题：今天邀请小朋友们担任小小建筑师，一起合作为幼儿园盖一座小小游泳馆，怎么盖呢？

2. 讨论：搭建一座小小游泳馆应该准备什么样的结构材料？

3. 幼儿根据幼儿园房子的图片进行搭建。

| | |
|---|---|
| 幼儿活动 | 1．幼儿认真倾听游戏规则，选择合适的建构材料，主动参与建构游戏，乐于与人合作，学会分享；<br>2．活动后主动收拾场地 |
| 教师活动 | 1．准备玩具，创设良好的游戏环境，正确示范玩具的操作步骤，引导幼儿积极互动；<br>2．观察幼儿的游戏行为，在游戏过程中适时介入；<br>3．将此次游戏的效果及过程做好记录，为后期对游戏进行改造升级提供数据支持 |
| 保育要点 | 1．活动过程中有无意外事故发生：<br>□有：<br>处理记录：<br><br>☑无<br>2．记录幼儿换装：<br>活动过程中没有进行剧烈运动，无须更换衣物<br>3．记录幼儿的饮水、如厕情况：<br>幼儿能自己主动喝水；部分幼儿不愿意上厕所，需要教师提醒 |
| 思政情怀 | 1．理解中国传统建筑中的对称美，在搭建过程中发挥想象力，锻炼思维能力；<br>2．自行补充 |

## 四、活动检测

| 小组任务 | 按照下列格式，综合运用所学，分别设计小、中、大班角色游戏场景各一个，并指出保育要点，上传"学习通" |||
|---|---|---|---|
| 小组成员 ||||
| 年龄段 | 小　班 | 中　班 | 大　班 |
| 游戏主题 ||||
| 活动准备 / 环境准备 ||||
| 活动准备 / 物料准备 ||||
| 活动准备 / 幼儿准备 ||||
| 活动计划 ||||

续表

| | | | |
|---|---|---|---|
| 活动实施 | | | |
| 保育要点 | | | |
| 思政情怀 | | | |

## 五、活动评价

班级：　　　　　　姓名：　　　　　　学号：

| 评价标准 | 评分参考 | | 参考分值 | 自评 | 组长评 | 教师评 |
|---|---|---|---|---|---|---|
| 任务完成情况 | 任务顺利完成，无失误、延误情况 | | 0～20 | | | |
| 保育专业知识与技能 | 理论认知 | 理解游戏保育的重要性、方法及特点 | 0～6 | | | |
| | 技能掌握 | 能根据婴幼儿身心发展的特点设计并实施游戏保育措施，抓住活动的保育要点 | 0～6 | | | |
| | 扩展活动 | 能根据不同年龄婴幼儿的需求实施保育措施 | 0～6 | | | |
| 思政与价值导向 | 保育职业道德 | 树立游戏前、游戏中、游戏后的幼儿保育照护职业道德意识，能及时关注幼儿保育需求 | 0～8 | | | |
| | 集体意识 | 在活动实施中具有热爱集体、热爱生活的情怀 | 0～8 | | | |
| | 保育情怀 | 能在游戏实施过程中体现耐心、爱心，有谨慎的保育态度 | 0～8 | | | |
| 综合素质与通用能力 | 出勤 | 按时到岗，学习准备就绪，按时到达学习岗位 | 0～5 | | | |
| | 课堂纪律 | 能够参与合作，不缺席，不做与课堂无关的事 | 0～5 | | | |
| | 合作能力 | 能融入集体，有团结协作的精神 | 0～5 | | | |
| | 信息收集能力 | 在学习中积极主动，不怕困难，勇于探索，学习态度认真，虚心好学，与他人共同协作完成任务 | 0～5 | | | |
| | 沟通表达 | 在完成任务的过程中，遇到问题能共同讨论解决 | 0～5 | | | |

续表

| 综合素质与通用能力 | 创新能力 | 有强烈的好奇心和探索欲望，在活动中充分发挥个人特长，设计出具有个性的活动方案 | 0～5 | | | |
|---|---|---|---|---|---|---|
| 总分 | | | | | | |

| 自我总评 | |
|---|---|

| 小组评价 | |
|---|---|

组长签名：_____  _____年_____月_____日

| 教师总评 | |
|---|---|

教师签名：_____  _____年_____月_____日

# 任务拓展

## 一、知识拓展

角色游戏、表演游戏、结构游戏对促进幼儿全面发展有十分积极的作用，可促进幼儿观察力、记忆力、想象力和创造力的发展。在幼儿参与的众多游戏中，角色游戏深受喜爱，它在幼儿2~3岁时产生，在学前阶段晚期达到高峰，之后逐步被规则游戏取代。

角色游戏、表演游戏、戏剧表演有所区别。

| 表演游戏与角色游戏中角色的区别 |||
|---|---|---|
| 项目 | 角色游戏中的角色 | 表演游戏中的角色 |
| 相同点 | 扮演角色 ||
| 不同点 角色 | 来源于现实生活中的各种人或物 | 来源于文学作品中的人或物 |
| 不同点 情节 | 对现实生活的印象 | 文学作品的内容 |
| 不同点 内容 | 由幼儿自己选择、创造 | 在文学作品内容的基础上加以想象、创造 |
| 表演游戏与戏剧表演的区别 |||
| 项目 | 表演游戏 | 戏剧表演 |
| 相同点 | 根据作品内容，再现作品情节，同时运用语言、肢体动作 ||
| 不同点 | 是幼儿按照自己对故事的理解开展的游戏 | 是导演、演员、剧本、观众等相互作用的产物 |
| 不同点 | 是幼儿自娱自乐的活动，不传达思想观念、价值观 | 追求价值观的展现 |
| 不同点 | 本质是游戏 | 本质是表演 |

只有找准观察要点，才能实现观察目的。在对幼儿游戏进行观察记录时，应有必要的观察要点。

| 观察内容 | 观察要点 |
|---|---|
| 游戏兴趣 | 1. 幼儿是否对该游戏产生兴趣；<br>2. 让幼儿体验到游戏成功的快感，而不是挫折 |

续表

| | |
|---|---|
| 游戏材料 | 1. 注意幼儿的年龄特点，如 3~5 岁幼儿喜欢非竞争性猜谜游戏，运用有数字、颜色、形状、大小、质地等元素的简单拼图或匹配游戏，运用再认技能的游戏，棋牌游戏，简单的追跑等大肌肉活动；<br>2. 关注准备的玩/教具是否涉及幼儿的生命安全 |
| 游戏内容 | 1. 观察游戏是否保持规则的灵活性：①游戏的工作应当由简单到复杂，逐步向幼儿介绍游戏的规则，增加游戏规则的难度。②如果幼儿要求，而且他们都同意修改规则时，应允许幼儿改变规则。改变规则的过程正是建构规则意义的过程、发展社会性交往和人际理解的过程；<br>2. 观察是否需要降低游戏的竞争性；<br>3. 对于规则游戏中的自主游戏，观察幼儿自愿参与的程度 |
| 同伴交流 | 1. 幼儿是否能通过合作解决游戏中的问题；<br>2. 幼儿在游戏中是否有较好的语言表达 |
| 游戏常规 | 1. 尽可能让大多数幼儿参与，而不是旁观、等待游戏。规则游戏一般有人数限制，教师可以根据班级人数进行分组。一味让幼儿坐在旁边看别人游戏，只有等别人"输"了才有机会参与游戏的做法，不仅会使幼儿感到无聊和厌烦，而且会让幼儿产生排他感，希望别人赶紧"输"掉，这和规则游戏强调的"合作性"背道而驰；<br>2. 观察幼儿是否遵守游戏规则，如果破坏游戏规则而另立规则是否会影响游戏进程和人际关系 |

## 二、技能拓展

小班角色游戏"娃娃家"实施到后期，对幼儿的吸引力逐渐下降，教师应如何进行调整？

## 三、思政拓展

创造性游戏需要结合现实生活场景开展，请问在角色游戏"医院游戏"中，如何引导幼儿体会医务工作者的辛勤与伟大？

## 任务测试

### 一、选择题

1. 当教师以"病人"身份进入小班"医院"时，有六位"小医生"同时上来询问病情，每个幼儿都积极地为教师看病、打针，忙得不亦乐乎，结果教师一共被"打"了六针。对小班幼儿这种游戏行为最恰当的理解是（　　）。

    A．过于重视教师的身份　　　　B．角色游戏呈现合作游戏的特点

    C．在游戏角色的定位中出现混乱　　D．角色游戏呈现平行游戏的特点

2. 幼儿的腕骨尚未骨化，因此为他们提供的玩具应（　　）。

    A．柔软　　　B．轻　　　C．重　　　D．坚硬

3. 小班幼儿在玩橡皮泥时，往往没有计划性，橡皮泥搓成团就说是包子，搓成条形就说是面条，长条橡皮泥卷起来就说是麻花。这反映了小班幼儿（　　）。

    A．具体形象思维的特点　　　　B．直觉行动思维的特点

    C．象征性思维的特点　　　　　D．抽象逻辑思维的特点

4. 下列关于表演游戏与角色游戏的区别，描述正确的是（　　）。

    A．表演游戏中的角色来源于文学作品，角色游戏中的角色来源于现实生活

    B．表演游戏与角色游戏一样

    C．表演游戏是成人控制下的游戏

    D．表演游戏只适合大班幼儿进行

5. 幼儿按照故事、童话的内容，分配角色，安排情节，通过动作、表情、语言、姿势等来进行的游戏是（　　）。

    A．规则游戏　　　　　　　　B．结构游戏

    C．角色游戏　　　　　　　　D．表演游戏

6. 幼儿以积木、沙、雪等材料为道具来模仿周围现实生活的游戏是（　　）。

    A．表演游戏　　　　　　　　B．结构游戏

    C．角色游戏　　　　　　　　D．规则游戏

7. 幼儿在结构游戏中，由独自搭建发展为能与同伴联合搭建，主要反映了游戏中幼儿（　　）的水平。

    A．建构形式发展　　　　　　B．确定游戏主题

C．运用材料　　　　　　　　　　D．社会性发展

8．以下几种游戏中，（　　）属于创造性游戏。

A．益智游戏　　　　　　　　　　B．体育游戏

C．音乐游戏　　　　　　　　　　D．角色游戏

9．下列不属于表演游戏特点的是（　　）。

A．表演性　　　　　　　　　　　B．游戏性

C．创造性　　　　　　　　　　　D．生活化

10．幼儿通过扮演角色、运用想象，创造性地反映个人生活印象的是（　　）。

A．规则游戏　　　　　　　　　　B．结构游戏

C．角色游戏　　　　　　　　　　D．表演游戏

## 二、填空题

1．创造性游戏是指幼儿以_____为中心，_____、_____反映现实生活的游戏，是幼儿典型的、特有的游戏。创造性游戏包括_____、_____和_____。

2．角色意识淡薄，是_____岁幼儿游戏的特点。

3．结构游戏是幼儿借助_____构建新物体的活动。

4．表演时角色更换意识不强，不能很好地分清自我与角色的区别，这是_____岁幼儿游戏的特点。

5．在角色游戏中，教师观察幼儿能否主动协商处理玩伴关系，主要考查的是_____。

## 三、简答题

结构游戏中最主要的保育要点有哪些？请根据《保育师国家职业技能标准（2021年版）》进行答题。

## 四、案例分析题

某教师在语言活动"小乌龟开店"的基础上，组织了一次表演游戏。教师一一介绍准备好的道具，配班教师带领全班幼儿"开火车"离开活动室去"剧场"看表演。幼儿进入"剧场"后，主班教师提问："谁愿意上来表演？"一下子几十只小手举了起来。教师选了5位没有举手且在上次语言活动中表现不好的幼儿进行表演。表演时，教师不停地提示幼儿应如何做……

1. 材料中的活动是不是真正意义上的表演游戏活动？如果不是，应如何组织幼儿进行此项表演游戏活动？
2. 如何布置环境能让幼儿更加深入游戏情景？
3. 在游戏结束后，物品的存放和消毒工作应如何进行？

## 五、参考答案（扫描二维码获取）

## 任务四　规则游戏与学习活动保育

### 任务目标

**1. 知识目标**

（1）了解婴幼儿规则游戏能力的发展阶段。

（2）理解婴幼儿益智游戏、体育游戏、音乐游戏的概念、结构和特点，领会规则对婴幼儿身心发展的意义。

（3）掌握婴幼儿益智游戏、体育游戏、音乐游戏的设计和指导要点。

**2. 技能目标**

（1）能根据婴幼儿的身心发展特点选择适宜的规则游戏内容。

（2）能根据各年龄阶段婴幼儿的特点进行益智游戏、体育游戏、音乐游戏设计，并进行模拟实施。

（3）能在规则游戏的组织和实施过程中正确进行保育工作。

**3. 思政目标**

（1）立足教师职业岗位精神，科学严谨育儿，树立科学的儿童观和教育观，培养良好的师德，以及对婴幼儿的育德意识和育德能力。

（2）培养包括认真负责的工作态度、较强的组织能力和动手能力的综合职业素养。

（3）将家国情怀、中华优秀传统文化融入规则游戏的设计与实施。

### 任务学时

本任务共 12 学时。

### 任务描述

规则游戏是成人为发展婴幼儿的各种能力而编制的、有明确规则的游戏。规则游戏仍然具有游戏的基本特点，其中最突出的是规则性和竞争性。

由于规则游戏要求游戏者必须遵守规则，且具有竞赛性，因此在幼儿游戏发展中出现得较晚。艾里康宁曾描述与不同年龄的幼儿玩"捉迷藏"游戏的情况：与 3 岁幼儿玩捉迷藏游戏，幼儿藏好之后，成人没有立刻"找"他，而是故意在他藏的地方等了两三分钟，装作找不到。这时，幼儿就不能控制住自己，而是破坏规则，跳出来说："叔叔，我在这儿。"而对于 6 岁幼儿，规则与结果对他们有了特殊的意义。如果让 6 岁幼儿与 3 岁幼儿一起藏起来，6 岁幼儿会阻止要暴露自己的 3 岁幼儿，并强迫他遵守规则。

规则游戏以其教育教学目的为依据分类，可分为益智游戏、体育游戏、音乐游戏。

本任务详细介绍规则游戏与学习活动的分类、作用与功能、组织与指导、游戏过程中的保育要点。学习者根据规则游戏的理论知识，结合幼教机构、早教机构的具体案例，理解并运用规则游戏的指导要点，完成益智游戏、体育游戏、音乐游戏等规则游戏的实施和保育工作；参照《保育师国家职业技能标准（2021 年版）》《幼儿照护职业技能教材（初中级）》（湖南科学技术出版社出版），确定规则游戏对应的保育技能要点，通过完成任务的方式掌握三级保育师的相关保育知识和技能的学习，以及幼儿照护职业技能等级证书（初级）考试的相关内容，并掌握"婴幼儿照护比赛"中的"评估、计划（设计教案）、实施和评价"内容，为参加比赛奠定理论和实践基础。

# 知识储备

## 一、规则游戏概述

规则游戏的核心是规则，规则不明确或不遵守规则，游戏就难以继续。规则游戏包括益智游戏、体育游戏和音乐游戏。

| 游戏结构 | | 意义和作用 |
| --- | --- | --- |
| 游戏任务和游戏目的 | 游戏任务是指游戏时对婴幼儿提出的要求；游戏目的是成人通过游戏想要达到的教育方面的要求，直接指向游戏结果 | 1. 促进婴幼儿身体的发展；<br>2. 促进婴幼儿认知和社会性能力的发展；<br>3. 促使婴幼儿以愉悦的精神状态积极主动地学习知识、发展动作技能和提高各种能力 |
| 游戏玩法 | 游戏玩法就是对游戏的设计和构思，是为了实现游戏目的，对婴幼儿动作和活动提出的要求。<br>游戏玩法要能够引起婴幼儿的兴趣，调动婴幼儿的积极性。游戏玩法也包括游戏中所采用的材料、所做的动作等 | |

续表

| | | |
|---|---|---|
| 游戏规则和游戏结果 | 游戏规则就是游戏中必须遵守的规定，以确保游戏能够顺利进行下去。每个游戏都有自己的规则，它规定了游戏动作的顺序和方式。游戏规则包括角色行为规则、内容与玩法规则、竞赛性规则等。<br>游戏结果是指婴幼儿通过参与游戏，经过自己的努力最后所达成的目标。<br>规则游戏都有一定的结果，好的结果能够带给婴幼儿成就感和满足感，使他们获得快乐 | |

教师要根据任务和要求，考虑婴幼儿实际的发展状况，选择或编制适宜的规则游戏，最大限度地实现游戏的意义和作用。

## 二、规则游戏的概念、分类和特点

| 游戏类型 | 概　念 | 分　类 | 特　点 |
|---|---|---|---|
| 益智游戏 | 心理学、生理学都有研究表明，人类脑细胞在3岁时已经形成70%~80%，因此在3岁前婴幼儿的智力发展具有很大的空间。<br>益智游戏是根据一定的智育任务而设计，以发展婴幼儿智力品质为主要目标，以智力活动为基础的一种规则游戏。它以生动、有趣的游戏形式，使婴幼儿在轻松愉快的活动中增长知识，发展智力。<br>益智游戏以促进婴幼儿感知能力、观察力、逻辑判断力、记忆力、想象力和思维能力等的发展为核心，通过生动有趣的游戏形式，使婴幼儿在自愿和愉快的情绪中增长知识，如认图形、搭火柴棒、猜谜语、棋类游戏等 | 1. 发展感知能力的游戏：<br>①感官游戏；<br>②比较异同游戏；<br>③分类游戏；<br>④记忆游戏；<br>⑤数字游戏；<br>⑥语言游戏；<br>⑦走迷宫、纸牌和棋类游戏<br><br>2. 发展思维能力的游戏：<br>①发展概念理解能力的游戏，如问答游戏；<br>②发展逻辑判断和推理能力的游戏，如类比推理游戏；<br>③发展记忆力的游戏；<br>④发展想象力的游戏<br><br>3. 其他类型的游戏：<br>①民间益智游戏；<br>②棋牌类益智游戏 | 1. 游戏目的明确、任务突出：益智游戏是基于一定的智育目的提出的，其目的明确；<br>2. 游戏过程具有规则性、挑战性：益智游戏的规则在游戏中起着指导、组织、调整婴幼儿行为的作用，恰当的游戏规则可以让婴幼儿体验到挑战的成就感；<br>3. 游戏结果具有刺激性、启发性：好的益智游戏常常给婴幼儿带来欢乐和满足，能够让婴幼儿在游戏中接受知识、增长技能，各方面的能力、品质得到启发和提升。带有竞赛性质的益智游戏还能增强游戏的刺激性 |

续表

| 游戏类型 | 概　念 | 分　类 | 特　点 |
|---|---|---|---|
| 体育游戏 | 　　体育游戏是以提高婴幼儿的身体素质为主要目标，根据一定的体育任务设计的，以发展基本动作和技能为基础的规则游戏，也称运动性游戏、体能游戏。<br>　　《中国优生优育优教百科全书·优教卷》中写道："体育游戏旨在发展婴幼儿走、跑、跳、攀登、钻、爬、平衡、投掷等基本的动作和技能。具有锻炼身体、促进生长发育以及富于娱乐性和竞争性的特点。"<br>　　体育游戏不同于一般游戏，也不同于一般的体育教学与训练 | 1．发展动作类游戏：以发展婴幼儿的基本动作为主要内容。包括发展基础运动能力的动作，如走、跑、跳跃、攀登、钻爬、抛、投掷等基本动作和提高身体素质的动作；简单的运动技术，如球类、体操等运动项目的基本技术；体育游戏本身所需的动作，如夹包、踢毽子、跳皮筋等游戏中的动作；模拟动作和简单的舞蹈动作；生活动作，如穿衣、背物等的动作；<br>2．一物多玩类游戏：球类游戏，绳子类体育游戏，圈、轮胎类体育游戏，盒、积木类游戏，纸垫、袋子类体育游戏，塑料瓶类体育游戏等；<br>3．按游戏活动形式分类：接力游戏、追逐游戏、争夺游戏、角力游戏、猜摸游戏等；<br>4．按游戏是否用器械分类：器械类游戏和徒手游戏；<br>5．按游戏的组织形式分类：自主体育游戏和教学体育游戏。自主体育游戏是以幼儿为主，幼儿自定运动形式、自选运动器械、自由组合玩伴的游戏；教学体育游戏是以教师为主，为完成一定的教学目标而组织的教学性游戏 | 1．趣味性：主要体现在游戏情节设计和规则设计这两个环节。婴幼儿会在体育游戏中得到快乐和满足；<br>2．锻炼性：体育游戏可以加强婴幼儿中枢神经的支配及心脏、血液循环、呼吸系统的调整，加快婴幼儿的新陈代谢，加强运动器官和内脏等的功能，增强婴幼儿的体质；<br>3．形式多样易行性：体育游戏对场地及器材的要求不高，形式简单，容易实施 |

续表

| 游戏类型 | 概　念 | 分　类 | 特　点 |
|---|---|---|---|
| 音乐游戏 | 　　音乐游戏是根据一定的音乐教育任务而设计，以唱歌、舞蹈、律动、音乐欣赏等音乐活动为基础的规则游戏。<br>　　音乐游戏是以培养婴幼儿的音乐感受性和音乐表现力为目标的一种规则游戏。婴儿一出生就能对音响产生反应。音乐游戏是婴幼儿启蒙教育的重要手段之一。在音乐游戏中，旋律和节奏制约着游戏活动，而游戏动作又能帮助婴幼儿更形象、具体地感受音乐，从而获得愉悦的情绪体验。<br>　　音乐游戏是最易让婴幼儿接受、喜爱、理解的一种综合性艺术形式，是培养婴幼儿停留在乐感和美感中的有效途径，也是融音乐与游戏为一体的艺术教育形式。<br>　　音乐游戏不是纯粹的游戏，而是融入了具有音乐性特点的游戏 | 1.按游戏的内容和主题分为有主题音乐游戏和无主题音乐游戏。<br>① 有主题音乐游戏有内容、有情节，以表现出鲜明形象和动作为规则。婴幼儿往往要根据音乐中的角色模仿一定的形象，完成一定的动作；<br>② 无主题音乐游戏无具体内容，无特定情节，以队形和动作变化为规则，相当于律动或律动组合，如"抢凳子"游戏。<br>2.按游戏的形式分为歌舞游戏、表演游戏、听辨反应游戏。<br>① 歌舞游戏侧重于歌唱和韵律活动，是在歌曲的基础上产生的，即按照歌词、节奏、乐句和乐段的结构做动作并进行游戏。这类游戏既可以没有明显的游戏主题内容，也可以没有专门的表现情节和角色，而注重婴幼儿创造性动作的表现；<br>② 表演游戏侧重于情节和角色表演，有专门的音乐，从游戏的形式上看有较强的表演性；<br>③ 听辨反应游戏侧重于对音乐或声音要素的反应，培养婴幼儿对音调的高低、强弱、快慢，音色，乐句等的分辨能力。这类游戏一般没有固定的游戏情节或角色 | 1.音乐性：游戏在音乐伴随下，按照某种特定的音乐要求进行活动。婴幼儿在游戏中学习音乐，感受音乐旋律的起伏、节奏的跳跃、音色的变化，并随时根据音乐的变化做出反应；<br>2.趣味性：通常从婴幼儿熟悉的环境与事物等入手安排内容，通过童谣、儿歌、谜语、声势、声响等活泼多样的形式在有趣的游戏情节中展开 |

## 三、益智游戏、体育游戏、音乐游戏的意义和作用

| 游戏类型 | 意义和作用 |
| --- | --- |
| 益智游戏 | 对婴幼儿的思维发展、意志品质的获得起到至关重要的作用。<br>1．促进婴幼儿认知能力的发展；<br>2．促进婴幼儿社会性的发展；<br>3．促进婴幼儿言语能力和身体动作的发展 |
| 体育游戏 | 1．促进婴幼儿基本动作的发展，使大肌肉运动技能和精细动作运动技能得到锻炼；<br>2．通过身体活动加快血液循环，促进了脑的发展，为婴幼儿智力的发展提供了更好的物质基础，可培养婴幼儿的思维能力、创造能力和竞争能力；<br>3．游戏中常常要求婴幼儿学会合作、遵守规则、解决问题，使其社会性交往得到了发展；<br>4．能够加强婴幼儿意志品质的形成 |
| 音乐游戏 | 1．原本性功能：体现在音乐游戏的过程中，对婴幼儿的音乐感受力和音乐表现力等音乐素养有促进作用。<br>　　原本性的音乐能够表现心灵情感，能够让人跟随并释放感情。人不是仅仅作为听众，而是作为参与者参与其中；人也不仅仅做机械的跟随，而是以自己的内心情感相和。音乐和动作、舞蹈、语言紧密地结合在一起，每个人都可以学会，可以体验。它不是表演，也不是舞台艺术，而是人的生活的有机组成部分，是自我流露和交流的需要。<br>2．社会性功能。<br>①情感发展：音乐是人类情感的特殊表达形式，音乐中饱含情感。音乐游戏将体验情感以动作的形式外显，可将人的内心世界毫无保留地展现出来，自然地表露出婴幼儿的活泼开朗和天真；<br>②规则意识：音乐有其特定的符号系统和内在规则，不需要依赖其他人生经验即可掌握。音乐自身的规律会影响音乐游戏的整体规则体系结构。当音乐作为游戏进行的方式时，它可以让婴幼儿掌握音乐规则的知识，激发婴幼儿遵守音乐规则的愿望，并在即兴创造过程中使婴幼儿自觉使用音乐符号系统和游戏规则，体会到游戏规则对活动本身的保障。与其他游戏相比，音乐游戏会影响婴幼儿规则意识的形成，也会影响婴幼儿对其他规则意识形成的态度 |

## 四、规则游戏的组织策略和指导要点

| 游戏类型 | 设计要点 | 组织策略 |
| --- | --- | --- |
| | 1．游戏目标的设计；<br>2．游戏材料的设计；<br>3．游戏结构的设计：游戏任务设计、游戏规则设计、游戏评价设计 | 1．活动前：设计好游戏方案、游戏目标及玩法规则，准备好游戏材料，选取好游戏场地；<br>2．活动中：教师尽量不干扰婴幼儿游戏，有需要时适时适度指导；<br>3．活动后：引导婴幼儿有序归还游戏材料，并进行分类归放 |
| | \multicolumn{2}{c}{不同年龄段婴幼儿益智游戏指导要点} |
| 益智游戏 | 0～3月龄 | 1．喜欢黑白分明的照片，更愿意看人脸和带有曲线的图，因此玩具的颜色最好是纯正的红、绿、蓝等色彩纯度高、对比度强。设计形式可以用环、铃或球类结合色彩，以增强对婴儿的认知视觉刺激；<br>2．为婴儿提供适量的视觉刺激，如距离15～30cm的、颜色鲜艳、会动的玩具，或人脸图片，每隔4～5天更换 |
| | 3～6月龄 | 1．婴儿视力迅速发展的时期主要在半岁以前。可选择大小不一的玩具或物体，从大到小，让婴儿用手抓握并注视，然后放在桌面上吸引婴儿注视。还可以锻炼婴儿注视远近距离不同的物体，以促进其视力发展；<br>2．进行听音辨位游戏，可以用玩具的声音吸引婴儿转头寻找玩具，每日训练2～3次，每次3～5分钟，以拓宽婴儿的视觉广度；<br>3．让婴儿多看各种颜色的图片、玩具及物品，并告诉婴儿物体的名称和颜色，可使婴儿对颜色的认知发展过程大大缩短 |
| | 6～12月龄 | 婴儿的视觉观察力有所发展，可以注意远处的动态物体，如天上飞的小鸟、水里游的小鱼等，注意力常常被颜色鲜艳的物体吸引，会用观察、触摸等方式表达自己的兴趣。在玩具选择上应逐步增加彩色卡片或彩色图书 |
| | 12～18月龄 | 幼儿认知发展已经达到可以指认身体部位的水平，能对熟悉的物品进行简单的分类。应引导幼儿感知周围环境中的人和物，尝试用动作、表情、语言表达自己的情感和认知 |
| | 18～24月龄 | 幼儿对声音的反应越来越强烈，能区分简单图形。选择的玩具要能引导幼儿更好地感知，辨认生活中常见的人和物，感知物体的形状、冷热、大小、颜色、软硬等明显特征；准备一些可以读读画画，随意撕、折的材料 |

续表

| | | |
|---|---|---|
| 益智游戏 | 24～30月龄 | 幼儿能基于形状、大小、颜色做简单的分类。玩具要能引发幼儿感知身边的动植物，探索事物之间的简单关系，学习区分基本颜色、形状；利用积木、积数等结构玩具帮助幼儿感知"大小""多少""长短""上下" |
| | 30～36月龄 | 幼儿会区分大小、多少、长短、上下、里外，能给物体归类。玩具要能引发幼儿在生活中感知简单的数量，区分大小、多少、长短、上下、里外等；选择有声音的玩具、能够进行图画和粘贴的玩具，启发幼儿用多种方式表达自己的感受和对事物的理解 |
| | 3～4岁 | 选择颜色鲜明、直观形象、品种简单的游戏材料；教师讲解应简单明确，讲解与示范相结合，提醒幼儿遵守规则，适度给予指导 |
| | 4～5岁 | 选择可以增强幼儿的自主性，提供直观、形象、生动的游戏材料，以引发幼儿的兴趣；教师可以讲解与示范相结合，注重同伴互助，基于幼儿游戏的空间适时介入，支持幼儿主动探索 |
| | 5～6岁 | 游戏提高挑战度和竞争性；教师适当进行语言提醒，以讲解为主，鼓励幼儿自主游戏，以激发幼儿参与游戏的主动性 |
| | 设计要点 | 组织策略 |
| 体育游戏 | 1. 明确游戏目标；<br>2. 选择游戏内容；<br>3. 考虑游戏结构；<br>4. 设计游戏细节；<br>5. 制定游戏规则 | 1. 活动前准备：观察并提醒幼儿做好着装准备，简要告知今日活动及安全提示，材料准备充分；<br>2. 活动中指导：<br>①自主性体育游戏：维护场地、器材安全，维护运动安全，进行观察、支持、引导；<br>②教学性体育游戏：集合，做准备活动，进行常见的体育游戏，强调注意事项<br>3. 结束游戏：放松身体，整理材料，评价游戏 |
| | 不同年龄段婴幼儿体育游戏指导要点 ||
| | 0～3月龄 | 1. 会有一些反射行为出现，适当的动作训练与引发可为后期的动作发展奠定良好的基础；<br>2. 游戏材料应无毒无味，接触面无安全隐患，最好是可咬的；<br>3. 引导者要关注非接触性安全隐患。例如，旋转床铃是由不同部件组合而成的，选择时要关注各部件组合的牢固性，避免掉落砸到婴儿的脸 |

续表

| | | |
|---|---|---|
| 体育游戏 | 3~6月龄 | 1. 动作发展有一个逐步从头部控制到躯干控制，从发展大动作到精细动作的过程；<br>2. 玩具提供的顺序可遵照其动作发展的规律；<br>3. 抓握类玩具的尺寸既要便于婴儿抓握，又要不易被婴儿误吞，可选择不同质地、不同颜色、不同造型的游戏材料，以便用不同质地的物体刺激婴儿的手部；<br>4. 引发婴儿关注、刺激其大动作发展的玩具一定要色彩鲜艳且造型具有童趣，以有效达到使婴儿追视的目的；<br>5. 毛绒小玩具必须是超柔短毛绒的，避免婴儿放进口中 |
| | 6~12月龄 | 1. 主要是坐、手扶站、屈膝蹲、爬及手部精细动作的发展；<br>2. 根据婴儿的发展阶段依次提供玩具。例如，对于爬的动作，可以从初期的地面逗引爬行的玩具过渡到软体攀爬组合玩具；<br>3. 三指抓类玩具一定要适合婴儿前三指抓握，如积木或小木棒；<br>4. 手扶站和屈膝蹲动作使用的玩具都需承重，因此在组装时要关注连接处无缝，避免有安全隐患 |
| | 12~18月龄 | 1. 动作发展主要是移动技能（走）和精细动作技巧；<br>2. 扶物走时，幼儿会依附于玩具进行身体移动，因此玩具的四轮摩擦力要适合幼儿的行走速度，要有防滑橡胶，可保持匀速，以确保安全；<br>3. 单独动作练习的玩具功能较为单一时，可以配合其他玩具组合使用，如三步梯配合其他软包滑梯或软体爬滑玩具使用；结合幼儿的个体差异，进行同类玩具的替代，如练习手眼协调的投球游戏使用的球可以用甩甩球替代 |
| | 18~24月龄 | 1. 直立行走稳定阶段，初步学会跑、双足跳等基本动作，手眼协调能力日趋完善；<br>2. 对于精细动作训练使用的小颗粒玩具（如颗粒积木、五彩沙石、决明子、沙子等），不仅要关注材料的安全品质，还要关注使用过程中的安全，避免幼儿单独游戏；<br>3. 钻爬筒选择整体筒身适宜的，一定是半封闭的，上半部分透光，以给幼儿增加安全感；<br>4. 单独动作练习的玩具功能较为单一时，可以配合其他玩具使用。例如，彩色软梯、平衡木等可配合其他软包滑梯或软体爬滑玩具组合使用；<br>5. 对于精细动作训练使用的拼插玩具，目标维度不宜太多元。例如，拼插刺猬，粗细、宽窄都是一样的，更利于幼儿的动作练习 |

续表

| | | |
|---|---|---|
| 体育游戏 | 24~30月龄 | 1．幼儿的移动技能与平衡协调能力越来越好；<br>2．玩具本身要有排他性。例如，障碍物玩具的造型设计不宜过度复杂，避免转移幼儿注意力；<br>3．玩具尺寸要与幼儿匹配。例如，对于串珠，月龄越小，串珠越大；随着月龄增大，串珠可以适当变小；<br>4．球类玩具要关注大小及重量 |
| | 30~36月龄 | 1．幼儿的身体控制能力与手眼协调能力越来越好；<br>2．玩具的组合使用可增强游戏的体验感。例如，软体组合可以增加情境头饰匹配使用，引导幼儿根据游戏情境来进行各种动作的调整；<br>3．通过同类游戏中不同材料的选择，有层次地实现运动目标。例如，持物、控物跑，除海洋球外，还可以选择小鸭子玩偶和幼儿曲棍球杆来进行"赶鸭子"游戏，可提升其动作控制能力和动作计划能力；<br>4．对于精细动作训练的玩具，应关注拼插玩具咬合的准确性等细节，以确保幼儿操作的准确性；<br>5．扫描二维码可观看参考范例 |
| | 3~4岁 | 1．幼儿还未掌握基本的动作要素，以独自活动和平行游戏为主，不喜欢玩竞争性、运动量大的活动，身体运动缺乏节奏和协调性；<br>2．选择动作简单、活动量小、规则简单、有角色扮演、易于理解和模仿的游戏；<br>3．以游戏伙伴的身份与幼儿共同游戏，以积极的情绪感染幼儿；<br>4．以动作示范为主，带领和帮助幼儿学习游戏；<br>5．注意发现幼儿的游戏兴趣，及时调整游戏内容，或增加游戏情节以维持幼儿的兴趣；<br>6．游戏评价应注意肯定幼儿在游戏中积极的表现，总结游戏中的新玩法，帮助幼儿积累必要的游戏经验 |

续表

| | | |
|---|---|---|
| 体育游戏 | 4～5岁 | 1．幼儿的身体动作发展有了明显的进步，能掌握较复杂的动作，能较好地控制自己的身体运动，身体运动的节奏与协调性得到明显改善，但仍缺乏流畅性，显得较笨拙；<br>2．幼儿在游戏中能遵守一定的规则，具有初步自我控制的能力，活动的持久性、目的性和专注性都有较明显的提高，对游戏的趣味性和娱乐性的要求也明显提高；<br>3．喜欢集体游戏，但对竞赛性游戏的目的性意识不强，注重过程而不是结果，对角色鲜明的互补性规则游戏更感兴趣；<br>4．引导幼儿去探索和获得各种运动经验，可适当增加游戏动作的难度；<br>5．注意加强幼儿的规则意识和对游戏规则的理解，通过示范、讲解帮助幼儿掌握游戏的玩法和理解规则，帮助幼儿学习解决游戏中的简单问题；<br>6．可多给幼儿选择和介绍互补性的规则游戏，如追逐游戏 |
| | 5～6岁 | 1．幼儿能够按照任务要求，把各种动作技能整合成协调准确、熟练有效的适当活动，是基础运动能力的成熟时期；规则意识逐步形成，开始理解规则的意义，能够根据规则来比较大家的表现，把遵守共同规则理解为游戏的条件；开始对游戏结果产生兴趣，出现赢的愿望；喜欢变化大、竞赛性强、运动量大的游戏；<br>2．以全班幼儿都能参加的户外集体竞赛性游戏为宜，应多选择具有挑战性、需要运用一定策略的游戏；<br>3．以简明生动的语言、适当的示范，帮助幼儿了解游戏的玩法，理解游戏规则；<br>4．逐渐向幼儿介绍运动技能的质量标准，对幼儿的身体运动进行有计划、有目的的指导；<br>5．对不同性格和能力的幼儿应当采取不同的指导方法 |

| | 设计要点 | 组织策略 |
|---|---|---|
| 音乐游戏 | 1．分析游戏经验；<br>2．确定游戏目标；<br>3．选择音乐素材；<br>4．制定玩法、规则；<br>5．准备游戏材料；<br>6．预设游戏结果 | 1．活动前：经验准备、物资材料准备、环境准备；<br>2．活动中：<br>①引导婴幼儿体验游戏；<br>②讲解音乐游戏的玩法和规则；<br>③观察婴幼儿，合理指导<br>3．活动后：教师引导婴幼儿进行自我评价、总结经验 |

续表

| | | 不同年龄段婴幼儿音乐游戏指导要点 |
|---|---|---|
| 音乐游戏 | 0~3月龄 | 通过挤捏发出声响的玩具、摇铃、床边带音乐的转铃等锻炼婴儿的感知力、听力和抓握能力，还可以提高手眼协调能力 |
| | 3~6月龄 | 1. 吸引婴儿寻找前后左右不同方位、不同距离的发声源，以刺激婴儿方位辨别能力的发展。让婴儿从周围环境中直接接触各种声音，可以提高其对不同频率、强度、音色声音的识别能力；<br>2. 扫描二维码可观看参考范例 |
| | 6~12月龄 | 选择一些音乐和有声挂图等能够发出声音的玩具，刺激婴儿的听觉及语言，提高认知能力 |
| | 12~18月龄 | 引导幼儿尝试涂涂画画，多听音乐，做简单的肢体动作，感受涂鸦和音乐带来的快乐 |
| | 18~24月龄 | 学习较为简单的歌曲，跟着音乐做简单的动作，尝试用各种方式表达自己的情感和体验 |
| | 24~30月龄 | 幼儿能够利用打击乐器感知音乐的属性（音高、音低、音长、音短） |
| | 30~36月龄 | 幼儿除能利用打击乐器表示音乐的属性外，还能通过身体律动认知音乐 |
| | 3~4岁 | 1. 幼儿音乐水平较低；爱模仿，不关心动作本身，关心动作所表现的熟悉事物；对游戏情节的理解能力低，理解音乐形象水平不高；动作发展水平低，以简单、重复动作为主。规则意识淡薄，游戏中发现不了别人违规，自己也会破坏规则；<br>2. 游戏前，选择的音乐曲式以一段体为主；节拍多用2/4拍和4/4拍；音乐旋律简单易唱，歌词朗朗上口，有较多拟声词出现，音乐形象生动、鲜明、有趣；<br>3. 游戏中，教师可以采用交叉介入的形式全程参与，以角色或游戏者的形式进入游戏给予示范和指导；<br>4. 讲解简单、形象，注重讲解与示范相结合，注重在游戏中逐步提出游戏规则 |

续表

| | | |
|---|---|---|
| 音乐游戏 | 4~5岁 | 1．幼儿感受音乐的能力有所增强，逐渐能够感受到乐曲中的结构，听出乐曲的乐段、乐句的重复及乐曲在情绪性质上的差异；能够基本理解音乐所表达的情绪、情感，并由此产生一定的想象、联想；喜欢有主题的音乐游戏，并且能够表现积极；逐渐能够在音乐游戏中开展联合游戏、合作游戏，有了竞赛意识，对活动的结果感兴趣，游戏自主性增强；能够理解一些较为复杂的规则和指令，有时会因关注结果而忽视规则；动作逐渐丰富，能够结合生活实践经验和想象，跟随音乐做出一定的复杂的动作；<br>2．可以选择有一定难度的音乐游戏，也可以开展竞赛性质的音乐游戏；<br>3．可以选择音乐形象明确的乐曲，也可以适当增加回旋曲式的数量；<br>4．游戏的过程对规则的坚持性仍需提高，教师要重点解说游戏规则与玩法，在游戏的过程中也需要对游戏规则多次进行强调；<br>5．注意提高介入的质量，减少介入的次数 |
| | 5~6岁 | 1．幼儿可以把握音乐中蕴含的诸多要素，能够适应复杂程度较高的音乐游戏；规则意识较强，能够较好地遵循游戏规则并关注其他幼儿遵守规则的情况；动作水平提高，能够自发做出一些组合动作，特别在乎游戏结果，能对游戏结果进行评价；游戏的自主性较强，喜欢改变游戏情节和游戏规则，以增加游戏的挑战性；喜欢合作游戏，在音乐游戏中遇到的困难大部分可以自己解决，不喜欢教师过多介入游戏；<br>2．可选择复杂的音乐游戏，乐曲、玩法、游戏规则都可以较为复杂；<br>3．帮助幼儿尝试根据游戏中出现的问题制定或改变规则，探寻获胜的方法；<br>4．引导幼儿正确面对游戏结果；<br>5．尝试与幼儿一同创编音乐游戏，共同商量规则、玩法的制定，给予幼儿充分的自主性，宜采取建议、商量等性质的指导语言，少采用强硬和过于生硬的指导语言 |

## 五、规则游戏的设计

依据《幼儿照护职业技能教材（初中级）》（湖南科学技术出版社出版）和"婴幼儿照护"比赛方案，确定规则游戏方案设计框架，以31~36月龄益智游戏"奇妙的扣子"方案为例，根据31~36月龄幼儿的认知发展水平，设计游戏方案。

| 31～36月龄幼儿认知发展水平 ||
| --- | --- |
| | 1．能区别红、黄、蓝、绿等常见的颜色； <br> 2．尝试画代表一定意思的涂鸦画； <br> 3．能记忆和唱简单的歌； <br> 4．能口述1～10的数字，知道数字代表数量； <br> 5．会区分大小、多少、长短、上下、里外，能给物体归类； <br> 6．知道家庭主要成员的简单情况 |
| | "奇妙的纽扣"游戏方案 |
| 游戏目标 | 1．知道纽扣大小、形状、颜色的不同； <br> 2．能够根据纽扣的不同特征进行分类； <br> 3．在同伴互动操作中，体验游戏的快乐 |
| 游戏材料 | 各种颜色、大小、形状的纽扣若干，颜色、大小、形状各异的标记卡 |
| 游戏玩法 | 第一种：分一分 <br>   教师先让幼儿看一看、玩一玩各种各样的纽扣，然后对幼儿说："小纽扣都有自己的家，请你帮帮忙，让它们每个人都回到自己的家。"幼儿可能会按照大小、颜色、形状等特征来分类。教师可以出示相应的标记卡，帮助幼儿把同一属性的纽扣归放在一个集合圈内； <br> 第二种：摆图形 <br>   请幼儿用同一颜色的纽扣摆出各种几何图形或数字。字母及其他物品也可以用不同形状的纽扣有规律地拼摆 |
| 游戏规则 | 1．根据纽扣的属性进行分类； <br> 2．有序依次操作； <br> 3．爱护游戏材料 |
| 注意事项 | 本游戏可以培养幼儿辨别图形的分类能力，以及小肌肉的协调性。教师可以适度指导，可先让幼儿观察、比较纽扣的共同属性，再让幼儿归类 |

## 六、规则游戏的保育要求

根据《保育师国家职业技能标准（2021年版）》（见附录），对婴幼儿规则游戏的游戏前、游戏中、游戏后保育有以下要求。

1．游戏前

（1）根据婴幼儿年龄发展特点设计教案并准备教具。

（2）对常见危险品进行保管和处理，预防磕碰伤、挤压伤、跌倒伤、异物伤、钝器伤、锐伤等常见伤害。

（3）对玩/教具、教学设施设备、用品、材料进行清洁消毒并做好记录。

（4）为婴幼儿更换好合适的衣物、鞋袜。

（5）提醒幼儿如厕，做好基本盥洗。

2．游戏中

（1）发生安全问题及时报告，并做好基本的应急防护、避险、逃生、自救。

（2）进行科学合理的游戏指导。

（3）保证每天2小时的户外活动时间，提供充足的活动时间。

（4）保护婴幼儿的好奇心和求知欲。

3．游戏后

（1）向家长描述婴幼儿在游戏中的基本情况，并将其内容展示到环境创设中。

（2）引导婴幼儿归放玩具。

| 玩具的消毒 ||
| --- | --- |
| 常见消毒方法 | 1．浸泡消毒法<br>适用玩具：毛绒玩具、布制玩具、木制玩具、塑料玩具<br>2．擦拭消毒法<br>适用玩具：电子玩具等不能水洗的玩具<br>3．阳光晒<br>适用玩具：铁制玩具、纸质玩具 |
| 不带电池的塑料玩具 | 1．可以使用75%的酒精进行擦拭，或者用肥皂水浸泡半小时，再用清水冲洗干净，然后再用清洁的布擦干净或晾干；<br>2．也可以使用奶瓶清洗液消毒。在干净盆内注入清水，放入塑料、橡胶玩具，用干净的毛刷蘸取专用的奶瓶清洁液刷洗，然后用清水冲洗干净，再将玩具用毛巾擦干，放在通风处晾干；<br>3．注意事项：日常以清洁为主，定期清洗消毒；如有污渍，则应先清洁再消毒，最好每周消毒一次。浸泡消毒时要将物品完全浸没于消毒液中 |

续表

| | |
|---|---|
| 电动玩具 | 1. 带电池的塑料玩具可以用食用小苏打或酒精消毒；<br>2. 电动玩具，如会动的玩偶、玩具电子琴、音乐铃等，不能泡水清洗。若有外层布料，如衣物等，可先拆解下来。清洗前先将电子玩具的电池取下，为了避免水流进电子元器件中，可以用擦拭消毒法擦拭玩具表面。将小苏打溶解在水中，或使用75%的酒精，用软布蘸着擦拭，再用干净毛巾蘸清水擦洗几遍，抹干后置于通风处晾干<br>3. 注意事项：不要让水直接接触带电部位，或者让水汽进入玩具中，以免生锈 |
| 毛绒玩具 | 1. 对于可以整洗的毛绒玩具，可以直接放到洗衣机中，加入一定比例含消毒液的洗衣液进行清洗、消毒、漂洗、甩干后悬挂在有阳光且通风的地方晒干。在晒干的过程中，可以隔一段时间拍一拍，使其毛绒、填充物恢复蓬松柔软；<br>2. 毛绒玩具不用经常水洗，但要每周擦拭表面的灰尘、污垢，喷洒温和安全的消毒液，自然晾干；<br>3. 注意事项：清洗前要检查毛绒玩具的标签，因为有些玩具是不可以机洗的。清洗的时候可以把填充物取出来，放到太阳下暴晒，防止填充物霉变。有些毛绒玩具不方便用水清洗，特别是带电池的毛绒玩具。比较小的可以装在一个能够密封的塑料袋里，放入适量的粗盐或食用小苏打，封好后来回翻转，利用粗盐的吸附功能吸附灰尘，或使袋子里的小苏打完全粘到玩具上，然后取出玩具，用吹风机把玩具上的粗盐或小苏打吹掉即可；比较大的可以直接把小苏打撒在玩具上用同样的方法处理即可 |
| 布制玩具 | 　　洗涤前，把玩具放入1∶99的稀释漂白水中浸泡30分钟，再用牙刷将有脏污的地方刷洗干净，然后将玩具放进洗衣袋中，以一般洗衣程序进行即可。洗涤前一定要看清洗涤说明，标明可水洗的才能使用以上方法，以免清洗后变形或产生起毛球的现象 |
| 铁制玩具 | 　　用小方巾蘸取肥皂水，将玩具擦洗一遍，然后用清水冲洗干净，再用干净的毛巾擦干，放在阳光下晒干。对于不好清洗的铁皮玩具，可以直接放在阳光下暴晒，也可达到灭菌的作用 |
| 木质玩具 | 1. 此类玩具一旦泡水容易引起胀裂，可采用消毒湿巾纸由表及里擦拭2～3遍。木质玩具不需要经常清洗。若玩具表面上过浸泡漆，则可以用干净的纱布或手帕蘸取75%的酒精、奶瓶清洁液、3%来苏溶液或5%漂白粉溶液擦拭玩具表面，再用大量清水冲洗，然后用干净的纱布或手帕把玩具擦干，每件分开摆放晾晒。<br>2. 注意事项：木质玩具清洗、晾晒时，要不时翻动一下，以保证不同的侧面都能充分干燥 |

续表

| | |
|---|---|
| 纸质玩具、绘本 | 放在阳光下暴晒 6 小时即可达到杀菌的作用。暴晒的时间最好选择在上午 9 点到下午 2 点，因为此时的紫外线最具消毒效果。在暴晒期间最好翻动一次，以充分照射消毒。一周暴晒一次就足够了 |
| 清洁原则 | 1. 购买后应先清洁再给婴幼儿玩；<br>2. 清洁、消毒的频率通常以每周一次为宜，也可以根据玩具的使用频率和材质灵活掌握；<br>3. 选择适合的清洁、消毒用品；<br>4. 洗涤后要用大量清水冲洗（电动玩具除外） |

## 七、游戏评价

### （一）益智游戏[①]

| 评价模板 | 评价内容 | 评价维度 | 发展方向 |
|---|---|---|---|
| 学习品质 | 游戏情绪、兴趣、主动性、创造力、愉悦体验等 | 个体维度 | 喜欢玩<br>学会玩<br>智慧玩 |
| 认知经验 | 数学经验，语言经验，逻辑思维能力，表征、推理、分析、验证等能力 | 认知维度 | |
| 社会参与 | 理解、遵守、协调规则的能力，与人沟通交流信息、情感的能力，合作竞争意识与方法等 | 社交维度 | |

| 观察指标 | 具体内容 | 选项 ||||
|---|---|---|---|---|---|
| | | 完全不符合 | 比较不符合 | 比较符合 | 完全符合 |
| 幼儿的兴趣点 | 在游戏中的情绪状态好 | | | | |
| | 积极、主动地参与 | | | | |
| 各类益智材料的操作、使用情况 | 使用频率、操作方法的多样性好 | | | | |
| | 创造性使用 | | | | |
| 游戏场地的使用情况 | 过于拥挤 | | | | |
| | 利用率低 | | | | |

---

[①] 卞娟娟. 幼儿益智游戏评价模式的构建与运用[J]. 教育导刊（下半月），2018（5）：69.

续表

| 观察指标 | 具体内容 | 完全不符合 | 比较不符合 | 不符合 | 比较符合 | 完全符合 |
|---|---|---|---|---|---|---|
| 规则的遵守情况 | 能遵守规则且有一定的自我管理能力 | | | | | |
| 角色的分配情况 | 主动积极分配 | | | | | |
| 社会参与 | 与同伴互助、协商，一起完成任务 | | | | | |
| | 与人沟通交流信息、情感 | | | | | |

## （二）体育游戏评价表

观察对象：　　　　　　　年龄：

观察者：　　　　　　　　观察时间：

| 观察指标 | 具体内容 | 完全不符合 | 比较不符合 | 不符合 | 比较符合 | 完全符合 |
|---|---|---|---|---|---|---|
| 基本动作的掌握 | 相关动作技能完成的质量好 | | | | | |
| | 游戏动作适合幼儿的发展水平 | | | | | |
| 运动量 | 运动负荷适宜 | | | | | |
| 幼儿的兴趣点 | 在游戏中的情绪状态好 | | | | | |
| | 积极、主动地参与 | | | | | |
| 运动器械的操作使用情况 | 使用频率、操作方法的多样性好 | | | | | |
| | 创造性使用 | | | | | |
| 游戏场地的使用情况 | 过于拥挤 | | | | | |
| | 利用率较低 | | | | | |
| 规则的遵守情况 | 能遵守规则且有一定的自我管理能力 | | | | | |
| 角色的分配情况 | 主动积极分配 | | | | | |
| 社会性水平 | 与同伴互助、协商，一起完成任务 | | | | | |

## （三）音乐游戏评价表

幼儿姓名：　　　　　　性别：　　　　　　年龄：　　　　　　编号：

观察时间：　　　　　　观察地点：　　　　　观察者：

| 维　度 | 项　目 | 选　项 ||||| 
|---|---|---|---|---|---|---|
| | | 完全<br>不符合 | 比较<br>不符合 | 不符合 | 比较<br>符合 | 完全<br>符合 |
| 经验<br>水平 | 能够准确把握音乐节奏 | | | | | |
| | 能够理解音乐的情绪 | | | | | |
| | 掌握简单演唱方式 | | | | | |
| 游戏<br>规则 | 能够完全理解游戏规则 | | | | | |
| | 总能够遵守游戏规则 | | | | | |
| | 能够监督自己和别人遵守游戏规则 | | | | | |
| 游戏<br>材料 | 掌握操作游戏材料的方法 | | | | | |
| | 总能够根据音乐节奏使用材料 | | | | | |
| 游戏<br>表现 | 动作连贯，跟随音乐做动作时很少出现错误 | | | | | |
| | 动作具有创新性和独特性 | | | | | |
| | 与其他幼儿有语音交流、动作配合 | | | | | |

## 实训活动

### 活动 11　益智游戏与学习活动保育

#### 一、活动准备

【案例】

小班益智游戏：钓鱼。

**【创设背景】**

某幼儿园户外场地有一条人造小溪。今天,园长在小溪里放置了很多小鱼,小班的幼儿都很高兴,纷纷想下水抓鱼。教师真真抓住这个机会,在益智区中设计了"钓鱼"游戏,希望幼儿能通过游戏理解 5 以内的数量关系。

**【游戏目标】**

1. 感知 5 以内的物体数量。
2. 能够手口一致地点数 5 以内的数。
3. 手眼协调地开展游戏,体验游戏的快乐。

从【创设背景】【游戏目标】可以了解游戏从何而来,在日常生活中关注相关经验与认知,从而明确游戏重点,为教师指导游戏做准备。

| | |
|---|---|
| 设计意图 | 本班幼儿处于小班第二学期,对幼儿园有一定的了解,且已学会 1～5 的数数,并认识了数字 1～5。设计本游戏,是为了将课程融入幼儿园区域,让幼儿对课堂的认知加深印象,并以幼儿的思维方式更好地理解 5 以内的数量关系 |
| 游戏类型 | 益智游戏 |
| 游戏目的 | 1. 感知 5 以内的物体数量;<br>2. 能够手口一致地点数 5 以内的数;<br>3. 手眼协调地开展游戏,体验游戏的快乐 |
| 游戏场地要求 | 宽敞,温、湿度适宜;干净、安全,适宜开展游戏 |
| 游戏规则 | 玩法一:将小鱼盛放在容器内或桌面上,幼儿手持鱼竿,用鱼竿上的磁铁(钩)垂钓,根据数字卡片上的数字钓相应数量的小鱼;<br><br>玩法二:在小鱼尾巴上标记数字,钓上小鱼后,根据小鱼身上的数字放进相应的数字容器 |
| 学习小组学生分组名单 | 组长:<br>组员: |

## 二、活动计划

【游戏准备】

1. 根据小班年龄段益智区的投放原则，投放盛放小鱼的竹盘（大）若干，钓鱼器具 9 组（磁扣钓鱼竿 4 组、挂钩钓鱼竿 5 组），各类仿真小鱼数十条、乌龟 8 个，放小鱼的篮子若干，1~5 的数字卡片，小奖品若干。

2. 环境布置：5 只小凳子、区域规则牌、海洋世界主题的区域装饰。

了解所需材料，鉴别其安全性、适宜性，以便及时调整。

| 游戏主题 | 钓鱼 |
| --- | --- |
| 游戏材料 | 材料明细：盛放小鱼的竹盘（大）若干，钓鱼器具 9 组（磁扣钓鱼竿 4 组、挂钩钓鱼竿 5 组），各类仿真小鱼数十条、乌龟 8 个，放小鱼的篮子若干，1~5 的数字卡片，小奖品若干。<br><br>消毒方式：清水擦拭、消毒液擦拭、日晒 |
| 预期目标 | 1. 感知 5 以内的物体数量；<br>2. 能够手口一致地点数 5 以内的数；<br>3. 手眼协调地开展游戏，体验游戏的快乐 |
| 保育要点 | 1. 环境准备：游戏场地干净整洁、安全无毒，温、湿度适宜，适合开展活动<br>室内温度：26℃　　　　　室内湿度：55%<br>2. 活动场地存在的安全隐患：<br>已排除安全隐患<br>3. 幼儿准备：<br>幼儿状态良好，无哭闹现象，乐于参与游戏<br><br>4. 教师个人准备：<br>着装整齐，修剪好指甲，适宜开展活动 |

## 三、活动实施

【游戏过程】

1. 分享经验。

（1）交流游戏经验：刚刚在户外活动，小朋友们看到小鱼都很惊喜。那么，小朋友们钓过鱼吗？

教师根据幼儿的回答，展示相应的照片。

（2）出示图卡：小朋友们看看，今天老师钓了几条鱼？

教师展示制作的 5 条鱼的图卡。

2．教师告知幼儿游戏规则。

（1）在钓鱼过程中不能用手直接取放小鱼，要用鱼竿钓得小鱼。

（2）若钓到乌龟则丧失一轮游戏机会。

3．教师示范游戏玩法。

4．幼儿实操游戏。

| | |
|---|---|
| 幼儿活动 | 1．根据教师的示范，认真观看钓鱼的步骤和规则；<br>2．能够自己拿取相关玩具，并完成操作；<br>3．游戏结束后能够帮助教师收拾玩具 |
| 教师活动 | 1．观察幼儿的游戏行为，观察幼儿解决问题的能力；<br>2．在游戏过程中适时介入，增强幼儿的好胜心；<br>3．将此次游戏的效果及过程做好记录，为后期对益智游戏进行改造升级提供数据支持 |
| 保育要点 | 1．活动过程中有无意外事故发生：<br>□有：<br>处理记录：<br><br>☑无<br>2．记录幼儿换装：<br>幼儿在本次游戏中无须更换衣物<br><br>3．记录幼儿的饮水、如厕情况：<br>活动结束后幼儿集体上厕所，集体排队喝水 |
| 思政情怀 | 1．掌握益智游戏的概念，理解益智游戏的育幼作用；<br>2．能根据幼儿特点设计并指导游戏，使其在益智游戏中获得善思的能力；<br>3．拥有思辨能力和严谨求实的态度，树立正确的益智游戏观 |

## 四、活动检测

| 小组任务 | 按照下列格式，综合运用所学，分别设计小、中、大班角色游戏场景各一个，并指出保育要点，上传"学习通" |||||
|---|---|---|---|---|---|
| 小组成员 | |||||
| 年龄段 | 31～36月龄 | 小 班 | 中 班 | 大 班 ||
| 游戏主题 | |||||
| 活动准备 | 环境准备 | | | | |
| | 物料准备 | | | | |
| | 幼儿准备 | | | | |

续表

| 活动计划 | | | | |
| --- | --- | --- | --- | --- |
| 活动实施 | | | | |
| 保育要点 | | | | |
| 思政情怀 | | | | |

## 五、活动评价

班级：　　　　　　姓名：　　　　　　学号：

| 评价标准 | 评分参考 | | 参考分值 | 自评 | 组长评 | 教师评 |
|---|---|---|---|---|---|---|
| 任务完成情况 | 任务顺利完成，无失误、延误情况 | | 0～20 | | | |
| 保育专业知识与技能 | 理论认知 | 理解游戏保育的重要性、方法及特点 | 0～6 | | | |
| | 技能掌握 | 能根据婴幼儿身心发展的特点设计并实施游戏保育措施，抓住活动的保育要点 | 0～6 | | | |
| | 扩展活动 | 能根据不同年龄婴幼儿的需求实施保育措施 | 0～6 | | | |
| 思政与价值导向 | 保育职业道德 | 树立游戏前、游戏中、游戏后的幼儿保育照护职业道德意识，能及时关注幼儿保育需求 | 0～8 | | | |
| | 集体意识 | 在活动实施中具有热爱集体、热爱生活的情怀 | 0～8 | | | |
| | 保育情怀 | 能在游戏实施过程中体现耐心、爱心，有谨慎的保育态度 | 0～8 | | | |
| 综合素质与通用能力 | 出勤 | 按时到岗，学习准备就绪，按时到达学习岗位 | 0～5 | | | |
| | 课堂纪律 | 能够参与合作，不缺席，不做与课堂无关的事 | 0～5 | | | |
| | 合作能力 | 能融入集体，有团结协作的精神 | 0～5 | | | |
| | 信息收集能力 | 在学习中积极主动，不怕困难，勇于探索，学习态度认真，虚心好学，与他人共同协作完成任务 | 0～5 | | | |
| | 沟通表达 | 在完成任务的过程中，遇到问题能共同讨论解决 | 0～5 | | | |

续表

| 综合素质与通用能力 | 创新能力 | 有强烈的好奇心和探索欲望,在活动中充分发挥个人特长,设计出具有个性的活动方案 | 0～5 | | | |
|---|---|---|---|---|---|---|
| 总分 | | | | | | |

**自我总评**

**小组评价**

组长签名:＿＿＿＿＿＿＿＿　＿＿＿＿年＿＿＿＿月＿＿＿＿日

**教师总评**

教师签名:＿＿＿＿＿＿＿＿　＿＿＿＿年＿＿＿＿月＿＿＿＿日

## 活动 12　体育游戏与学习活动保育

### 一、活动准备

【案例】

大班体育游戏：滚轮胎。

【创设背景】

在户外活动区域中，教师发现乐乐和冰冰在比赛滚轮胎，两人都能够很顺畅地避开障碍物，使得轮胎未倒下就顺利抵达了终点，于是将"滚轮胎"游戏升级。

【游戏目标】

1. 能够熟练进行各种形式的滚轮胎活动。
2. 能够根据教师的要求自编滚轮胎的路径。

从【创设背景】【游戏目标】可以了解游戏从何而来，在日常生活中关注相关经验与认知，从而明确游戏重点，为教师指导游戏做准备。

| | |
|---|---|
| 设计意图 | 在幼儿熟练滚轮胎的基础上，为进一步增强活动的趣味性和挑战性，适当增加难度，创造了花样滚轮胎活动；<br>滚轮胎活动主要发展幼儿的平衡能力和手眼协调能力。在活动中，幼儿拉轮胎，用竹棍滚轮胎，滚着轮胎通过"小桥"、钻过"山洞"等，比在平地上滚轮胎增加了难度，需要更好地控制速度、掌握平衡。面对新的挑战，幼儿充满斗志，在不断克服困难和排除障碍的过程中越来越自信，在发展动作能力的同时，磨炼了意志 |
| 游戏类型 | 体育游戏 |
| 游戏目的 | 1. 能够熟练进行各种形式的滚轮胎活动；<br>2. 能够根据教师的要求自编滚轮胎的路径和提高游戏难度；<br>3. 喜欢参加体育游戏，并感受游戏的快乐 |
| 游戏场地要求 | 干净整洁，温、湿度适宜；地面已清理碎石、沙子等容易造成磕碰伤的杂物；场地需要足够宽敞，且远离水源 |

续表

| | |
|---|---|
| 游戏规则 | 1．双手扶稳轮胎两侧，推动轮胎向前滚动，待动作熟练后可由双手滚变为单手滚，还可进行绕障碍滚；<br>2．将轮胎摆成两条直线，看谁在轮胎上走得快、走得稳；也可在轮胎的圆洞中间进行双脚跳和单脚跳；<br>3．用竹棍拉轮胎，保持平衡，将轮胎运送到指定位置；<br>4．游戏升级——教师提出游戏升级要求，由幼儿创编 |
| 学习小组学生分组名单 | 组长：<br>组员： |

## 二、活动计划

**【游戏准备】**

1. 道具：长度 2m 左右的长方形木板，中间的下部用三角形铁架固定，做成两个木质跷跷板；直径 1m 的大滚筒 2 个；废旧轮胎、竹棍、布绳若干。

2. 区域场景：在户外活动器械领取墙上张贴不同路径的方案，给幼儿参考。

了解所需材料，鉴别其安全性、适宜性，以便及时调整。

| | |
|---|---|
| 游戏主题 | 滚轮胎 |
| 游戏材料 | 材料明细：长度 2m 左右的长方形木板，中间的下部用三角形铁架固定，做成两个木质跷跷板；直径 1m 的大滚筒两个；废旧轮胎、竹棍、布绳若干<br>消毒方式：喷洒消毒水、清水擦拭、日晒 |
| 预期目标 | 1．能够熟练进行各种形式的滚轮胎活动；<br>2．能够根据教师的要求自编滚轮胎的路径 |
| 保育要点 | 1．环境准备：游戏场地干净整洁、安全无毒，温、湿度适宜，适合开展活动<br>室内温度：26℃　　　　室内湿度：55%<br>2．活动场地存在的安全隐患：<br>地面坚硬，容易造成磕伤；轮胎控制不当易造成失控撞倒幼儿<br>3．幼儿准备：<br>幼儿状态良好，无哭闹现象，乐于参与本次游戏；已穿好宽松衣物、适宜奔跑的运动鞋，必要时可戴上护膝<br>4．教师个人准备：<br>衣着整齐，适宜运动，修剪好指甲，盘好头发，褪下首饰，适宜开展本次活动 |

## 三、活动实施

【游戏过程】

（一）分享经验

1. 交流游戏经验：刚刚乐乐和冰冰在自由活动的时候玩了滚轮胎。小朋友们，你们知道除了用双手滚轮胎，还可以怎么滚轮胎吗？

教师根据幼儿的回答，展示相应的操作示范。

2. 你们能进行游戏升级吗？

教师展示提前创设好的滚轮胎路径的照片。

（二）主题

1. 教师讲述游戏规则。

（1）可以进行自由创编。

（2）可以自由选取玩具进行滚轮胎，但是选取的玩具不能超3个。

（3）根据自己的想法进行创编。

2. 幼儿实操。

3. 教师讲述游戏规则的升级条件：必须有3个不同的玩具挡住轮胎的去路。

4. 幼儿实操。

| | |
|---|---|
| 幼儿活动 | 1. 按照初始要求完成双手操作滚轮胎；<br>2. 集体讨论，除了用手滚轮胎，还能使用哪些工具；<br>3. 选择合适的玩具重新创编游戏玩法；<br>4. 完成创编并开始操作新玩法；<br>5. 游戏结束后主动收拾活动场地，妥善归置活动材料 |
| 教师活动 | 1. 观察幼儿的游戏行为，观察幼儿解决问题的能力；<br>2. 在游戏过程中适时介入游戏，增强幼儿的好胜心；<br>3. 将此次游戏的效果及过程做好记录，为后期对游戏进行改造升级提供数据支持 |

续表

| | |
|---|---|
| 保育要点 | 1. 活动过程中有无意外事故发生：<br>☑有：萌萌摔倒，不小心擦伤手掌，伤口处有破皮，没有出血<br>处理记录：<br>带萌萌去医务室用双氧水冲洗伤口，用碘伏消炎，并贴上创可贴；打电话告知家长，取得谅解<br>□无<br><br>2. 记录幼儿换装：<br>游戏结束后，全体幼儿更换汗巾或衣服1次<br><br>3. 记录幼儿的饮水、如厕情况：<br>活动期间幼儿按需喝水，活动结束后统一喝水1次；<br>活动开始前全体幼儿上厕所1次，活动期间幼儿按需如厕，活动结束后集体上厕所1次 |
| 思政情怀 | 1. 掌握体育游戏的概念，明确体育游戏的特点及教育作用；<br>2. 根据幼儿年龄特点设计体育游戏，能在体育游戏中发展不畏困难、顽强拼搏的精神，提升身体素质；<br>3. 树立健康第一的观念，培养爱国主义和体育文化教育观 |

## 四、活动检测

| | | | | |
|---|---|---|---|---|
| 小组任务 | 按照下列格式，综合运用所学，分别设计小、中、大班角色游戏场景各一个，并指出保育要点，上传"学习通" ||||
| 小组成员 | |||| 
| 年龄段 | 31～36月龄 | 小　班 | 中　班 | 大　班 |
| 游戏主题 | | | | |

续表

| | | | | | |
|---|---|---|---|---|---|
| 活动准备 | 环境准备 | | | | |
| | 物料准备 | | | | |
| | 幼儿准备 | | | | |

续表

| | | | | |
|---|---|---|---|---|
| 活动计划 | | | | |
| 活动实施 | | | | |
| 保育要点 | | | | |
| 思政情怀 | | | | |

## 五、活动评价

班级：　　　　　　姓名：　　　　　　学号：

| 评价标准 | | 评分参考 | 参考分值 | 自评 | 组长评 | 教师评 |
|---|---|---|---|---|---|---|
| 任务完成情况 | | 任务顺利完成，无失误、延误情况 | 0～20 | | | |
| 保育专业知识与技能 | 理论认知 | 理解游戏保育的重要性、方法及特点 | 0～6 | | | |
| | 技能掌握 | 能根据婴幼儿身心发展的特点设计并实施游戏保育措施，抓住活动的保育要点 | 0～6 | | | |
| | 扩展活动 | 能根据不同年龄婴幼儿的需求实施保育措施 | 0～6 | | | |
| 思政与价值导向 | 保育职业道德 | 树立游戏前、游戏中、游戏后的幼儿保育照护职业道德意识，能及时关注幼儿保育需求 | 0～8 | | | |
| | 集体意识 | 在活动实施中具有热爱集体、热爱生活的情怀 | 0～8 | | | |
| | 保育情怀 | 能在游戏实施过程中体现耐心、爱心，有谨慎的保育态度 | 0～8 | | | |
| 综合素质与通用能力 | 出勤 | 按时到岗，学习准备就绪，按时到达学习岗位 | 0～5 | | | |
| | 课堂纪律 | 能够参与合作，不缺席，不做与课堂无关的事 | 0～5 | | | |
| | 合作能力 | 能融入集体，有团结协作的精神 | 0～5 | | | |
| | 信息收集能力 | 在学习中积极主动，不怕困难，勇于探索，学习态度认真，虚心好学，与他人共同协作完成任务 | 0～5 | | | |
| | 沟通表达 | 在完成任务的过程中，遇到问题能共同讨论解决 | 0～5 | | | |

续表

| 综合素质与通用能力 | 创新能力 | 有强烈的好奇心和探索欲望，在活动中充分发挥个人特长，设计出具有个性的活动方案 | 0～5 | | | |
|---|---|---|---|---|---|---|
| 总分 | | | | | | |

| 自我总评 | |
|---|---|

| 小组评价 | 组长签名：_____  _____年_____月_____日 |
|---|---|

| 教师总评 | 教师签名：_____  _____年_____月_____日 |
|---|---|

## 活动13　音乐游戏与学习活动保育

### 一、活动准备

【案例】

小班音乐游戏：鱼儿鱼儿。

【创设背景】

游戏从小鱼儿游泳的情景导入，模仿鱼儿游泳的场景成为本游戏的主要内容，通过加入观看、亲身参与、互动等练习听音乐做出肢体动作，培养肢体协调性；在游戏过程中加入语言节奏，来进行学习和互动，并将动作和打击乐节奏进行结合。

【游戏目标】

1．感受乐句，感受音乐的强弱，感知语言节奏，学习歌唱。

2．通过大肢体运动和互动感知上、下、左、右方位。

3．提高表现力和想象力。

从【创设背景】【游戏目标】可以了解游戏情景，在日常生活中关注相关经验与认知，从而明确游戏重点，为教师指导游戏做准备。

| | |
|---|---|
| 设计意图 | 1．活动来源于幼儿观察大自然的场景，根据幼儿在日常生活中的相关经验与认知，引导幼儿说出看到的鱼的种类，进行鱼儿"游泳"的动作展示；<br>2．幼儿模仿教师示范的语言节奏，根据语言节奏做律动、学唱歌曲；<br>3．通过互动培养幼儿的社交能力和合作能力；<br>4．提高幼儿的表现力和想象力 |
| 游戏类型 | 音乐游戏 |
| 游戏目的 | 1．能够感知音调、音高、节奏，提高对音乐的感受能力，感受音乐的热情；<br>2．能够利用动作表示并认识音乐节奏、音高、音调；<br>3．通过节奏、律动、角色扮演等多种方式体验集体学习音乐的快乐 |
| 游戏场地要求 | 场地空旷，将教室里与游戏无关的教具遮住，准备教学地毯、游戏所需教具，乐器按照游戏流程用容器盛放并有序摆放 |

续表

| | |
|---|---|
| 游戏规则 | 1. 幼儿有序坐在教学地毯上；<br>2. 语言节奏（引导乐句）：<br>许多小鱼游来了，游来了，游来了<br>×××××××，×××，×××<br>许多小鱼游来了，快快抓住<br>×××××××，××××.<br>游来了，游来了，游来了，游来了<br>×××，×××，×××，×××<br>许多小鱼游来了，快快抓住<br>×××××××，××××.<br>3. 动作：<br>①许多小鱼游来了，游来了，游来了（拍手）<br>②许多小鱼游来了（拍手），快快抓住（抱住手臂）<br>③游来了（左拍手），游来了（右拍手），游来了（左拍手），游来了（右拍手）<br>④许多小鱼游来了（拍手），快快抓住（抱住手臂） |
| 学习小组学生分组名单 | 组长：<br>组员： |

## 二、活动计划

**【游戏准备】**

1. 教具：海洋、鱼的图片，不同种类小鱼的头饰，蓝色和彩色的纱巾，鱼儿模型，触觉球，彩虹伞。

2. 乐器：腕铃、小音条琴。

3. 角色扮演教具：扭扭棒鱼儿、扭扭棒鱼竿。

了解所需材料，鉴别其安全性、适宜性，以便及时调整。

| 游戏主题 | 鱼儿鱼儿 |
| --- | --- |
| 游戏材料 | 材料明细：海洋、鱼儿的图片，不同种类小鱼的头饰，蓝色和彩色的纱巾，小鱼模型，触觉球，彩虹伞；腕铃、小音条琴；扭扭棒鱼儿、扭扭棒鱼竿<br><br>消毒方式：清水清洗、日晒、消毒液喷洒 |
| 预期目标 | 1. 感受乐句，感受音乐的强弱，感知语言节奏，学习歌唱；<br>2. 通过大肢体运动和互动感知上、下、左、右方位；<br>3. 提高表现力和想象力 |
| 保育要点 | 1. 环境准备：游戏场地干净整洁、安全无毒，温、湿度适宜，适合开展活动<br>室内温度：26℃　　　　　室内湿度：55%<br><br>2. 活动场地存在的安全隐患：<br>已排除场地存在的安全隐患<br><br>3. 幼儿准备：<br>幼儿状态良好，无哭闹现象，乐于参与本次游戏；已穿好宽松衣物，适宜随时坐在教学地毯上<br><br>4. 教师个人准备：<br>衣着整齐，修剪好指甲，盘好头发，褪下首饰，适宜开展本次活动 |

## 三、活动实施

【游戏过程】

（一）热身活动

问好+热身：《问好歌》。

（二）主题

教师提问：我有一位动物好朋友，它的家在大海里，小朋友们知道它是谁吗？

1. 教师出示图卡"北海渔民捕鱼"。

讨论：大海里有哪些种类的鱼？它们是怎么游泳的？

场景布置：用蓝色纱巾布置场景，幼儿一边听音乐，一边看着小鱼模型"游"出来。

2. 语言+手势（引导乐句）：

①许多小鱼游来了，游来了，游来了（拍手）

②许多小鱼游来了（拍手），快快抓住（抱住手臂）

③游来了（左拍手），游来了（右拍手），游来了（左拍手），游来了（右拍手）

④许多小鱼游来了（拍手），快快抓住（抱住手臂）

3. 律动：通过手臂挥动代表乐句，模仿小鱼游水。

①许多小鱼游来了，游来了，游来了（向上）

②许多小鱼游来了（向上），快快抓住（抱住手臂）

③游来了（向左），游来了（向右），游来了（向左），游来了（向右）

④许多小鱼游来了（向上），快快抓住（抱住手臂）

4. 角色扮演：请幼儿扮演小鱼（游来了），教师扮演渔网（快快捉住）；玩过2次后交换角色玩2次。

5. 集体互动：教师搭"桥"，幼儿从中"游"过，到歌词"快快抓住"时放下"渔网"捉住"小鱼"。

6. 乐器：加入腕铃，表现小鱼轻柔的游动；加入音条琴，表现浪花在荡漾。

7. 美术活动：制作各种颜色的扭扭棒鱼儿，可以用扭扭棒鱼竿"钓"上来。

（三）学唱童谣《钓鱼》

天黑啦，天黑啦！钓鱼的，回家吧！

×××-，×××-！×××-，×××-！

你的妈妈在等你，鱼儿的妈妈在等它

×××××××-，×××××××-

任务四　规则游戏与学习活动保育

| | |
|---|---|
| 幼儿活动 | 1. 通过律动问好，引导幼儿进入活动；<br>2. 幼儿说出哪些动物生活在海里；<br>3. 幼儿展示与众不同的肢体动作创意（鱼儿游泳）；<br>4. 幼儿根据音乐进行小鱼游泳、被渔网捉住等肢体创意 |
| 教师活动 | 1. 在问好活动中加快幼儿的互相熟悉；<br>2. 提问引导幼儿思考问题、展开联想；<br>3. 鼓励幼儿发挥想象力做出不同动作；<br>4. 引导幼儿根据音乐进行鱼儿游泳，被渔网捉住等肢体创意 |
| 保育要点 | 1. 活动过程中有无意外事故发生：<br>☐有：<br>处理记录：<br><br>☑无<br>2. 记录幼儿换装：<br>活动结束后全体幼儿更换汗巾或衣服1次<br><br>3. 记录幼儿的饮水、如厕情况：<br>活动前组织幼儿集体上厕所1次、喝水1次；活动期间幼儿按需喝水；活动结束后幼儿集体上厕所1次、喝水1次 |
| 思政情怀 | 1. 掌握音乐游戏的概念，了解我国传统音乐及分类，明确音乐游戏的教育作用；<br>2. 能根据传统、民间和流行音乐为幼儿设计游戏，如童谣等，体现音乐游戏的民族性和时代性；<br>3. 在游戏活动中感受音乐的美，并能养成用艺术形式表现和创造音乐美的习惯 |

## 四、活动检测

| 小组任务 | 按照下列格式，综合运用所学，分别设计小、中、大班角色游戏场景各一个，并指出保育要点，上传"学习通" |||
|---|---|---|---|
| 小组成员 ||||
| 年龄段 | 小　班 | 中　班 | 大　班 |
| 游戏主题 ||||
| 活动准备 | 环境准备 | | | |
| | 物料准备 | | | |
| | 幼儿准备 | | | |

续表

| | | | |
|---|---|---|---|
| 活动计划 | | | |
| 活动实施 | | | |
| 保育要点 | | | |
| 思政情怀 | | | |

## 五、活动评价

班级：　　　　　　姓名：　　　　　　学号：

| 评价标准 | 评分参考 | | 参考分值 | 自评 | 组长评 | 教师评 |
|---|---|---|---|---|---|---|
| 任务完成情况 | 任务顺利完成，无失误、延误情况 | | 0～20 | | | |
| 保育专业知识与技能 | 理论认知 | 理解游戏保育的重要性、方法及特点 | 0～6 | | | |
| | 技能掌握 | 能根据婴幼儿身心发展的特点设计并实施游戏保育措施，抓住活动的保育要点 | 0～6 | | | |
| | 扩展活动 | 能根据不同年龄婴幼儿的需求实施保育措施 | 0～6 | | | |
| 思政与价值导向 | 保育职业道德 | 树立游戏前、游戏中、游戏后的幼儿保育照护职业道德意识，能及时关注幼儿保育需求 | 0～8 | | | |
| | 集体意识 | 在活动实施中具有热爱集体、热爱生活的情怀 | 0～8 | | | |
| | 保育情怀 | 能在游戏实施过程中体现耐心、爱心，有谨慎的保育态度 | 0～8 | | | |
| 综合素质与通用能力 | 出勤 | 按时到岗，学习准备就绪，按时到达学习岗位 | 0～5 | | | |
| | 课堂纪律 | 能够参与合作，不缺席，不做与课堂无关的事 | 0～5 | | | |
| | 合作能力 | 能融入集体，有团结协作的精神 | 0～5 | | | |
| | 信息收集能力 | 在学习中积极主动，不怕困难，勇于探索，学习态度认真，虚心好学，与他人共同协作完成任务 | 0～5 | | | |
| | 沟通表达 | 在完成任务的过程中，遇到问题能共同讨论解决 | 0～5 | | | |

续表

| 综合素质与通用能力 | 创新能力 | 有强烈的好奇心和探索欲望，在活动中充分发挥个人特长，设计出具有个性的活动方案 | 0~5 | | | |
|---|---|---|---|---|---|---|
| 总分 | | | | | | |

| 自我总评 | |
|---|---|

| 小组评价 | |
|---|---|

组长签名：_____  _____年_____月_____日

| 教师总评 | |
|---|---|

教师签名：_____  _____年_____月_____日

# 任务拓展

## 一、知识拓展

0~3岁是婴幼儿大脑发育的关键时期，而音乐游戏是此时期一种非常有效的早期教育方式。音乐游戏不仅可以培养婴幼儿的音乐感知和表达能力，还可以促进他们的感统发展。以下是一些适合0~3岁婴幼儿的音乐游戏及感统训练方法。

### 1. 音乐律动

选择节奏明快、简单易学的儿歌，如《两只老虎》《小星星》等，由父母抱着婴幼儿，随着音乐的节奏轻轻晃动，让婴幼儿感受音乐的韵律和节拍。这有助于培养婴幼儿的平衡感和节奏感。

### 2. 乐器探索

为婴幼儿准备一些简单的乐器，如手鼓、铃铛等，让婴幼儿自由地敲击、摇晃乐器，感受不同乐器发出的声音。这样的游戏可以锻炼婴幼儿的手眼协调能力和提高对声音的敏感度。

### 3. 音乐模仿

播放一些有明显声音特征的音乐，如动物的叫声或火车的轰鸣声，鼓励婴幼儿模仿这些声音。例如，当听到小鸟的叫声时，让婴幼儿尝试用嘴巴发出相似的声音。这样的游戏可以培养婴幼儿的听觉感知和语言表达能力。

### 4. 舞蹈游戏

选择一些有趣的儿童舞蹈音乐，和婴幼儿一起随着音乐跳舞。可以引导婴幼儿做一些简单的动作，如摆手、跺脚等，也可以让婴幼儿自由发挥。舞蹈游戏可以帮助婴幼儿提高身体协调性和动作模仿能力。

### 5. 音乐寻宝

在房间里藏一些小玩具或物品，然后播放音乐，让婴幼儿寻找，当音乐停止时，看看找到了多少"宝藏"。这样的游戏既能锻炼婴幼儿的听觉注意力，又能培养他们的探索能力。

通过音乐游戏，婴幼儿可以在欢乐的氛围中全面发展感官能力。同时，父母的参与和互动也能增进亲子关系，为婴幼儿的成长创造积极的环境。当然，每个婴幼儿的发展进程都不同，家长应根据婴幼儿的兴趣和能力，选择适合他们的音乐游戏，并在游戏中给予充分的鼓励和支持。

## 二、技能拓展

小班益智游戏"钓鱼"还有很多玩法。为了提高小班幼儿的认知水平，教师应如何优化游戏玩法？

## 三、思政拓展

无规矩不成方圆，请问在小班音乐游戏"鱼儿鱼儿"中，如何引导幼儿体会合作交往的能力？需要改进什么环节，从而引出集体合作的重要性？

# 任务测试

## 一、选择题

1. 益智游戏、体育游戏和音乐游戏是（　　　）。

　　A．规则游戏　　　　　　　　　　B．创造性游戏

C．表演游戏　　　　　　　　　D．个人游戏

2．（　　）不属于益智游戏的组织与指导原则。

A．选择和编制合适的益智游戏　　B．帮助幼儿构建规则意识

C．培养幼儿的游戏策略意识　　　D．教给幼儿游戏的策略

3．（　　）幼儿游戏在很大程度上受周围事物（如玩具、材料等）的直接支配。

A．小班　　　　　　　　　　　B．中班

C．大班　　　　　　　　　　　D．学前班

4．体育游戏的指导原则不包括（　　）。

A．经常化原则　　　　　　　　B．多样化原则

C．全面发展原则　　　　　　　D．娱乐性原则

5．下列游戏的指导方法中，不正确的是（　　）。

A．对角色游戏进行指导时，教师可以角色身份指导游戏

B．对结构游戏进行指导时，教师应该手把手地教

C．对表演游戏进行指导时，应选择幼儿容易理解又便于表演的作品

D．对规则游戏进行指导时，教师应详细介绍游戏规则

6．中班游戏的游戏类型一般是（　　）。

A．独自游戏　　　　　　　　　B．平行游戏

C．联合游戏　　　　　　　　　D．合作游戏

7．体育游戏按照婴幼儿发展的基本技能可分为（　　）。

A．奔跑游戏、跳跃游戏、投掷游戏、平衡游戏等

B．速度游戏、力量游戏、耐力游戏、灵敏游戏等

C．奔跑游戏、跳跃游戏、耐力游戏、灵敏游戏等

D．速度游戏、力量游戏、投掷游戏、平衡游戏等

8．体育游戏的目标应从婴幼儿的活动参与、身体发展、心理健康和（　　）四个方面来确定。

A．机体协调　　　　　　　　　B．社会适应

C．能力发展　　　　　　　　　D．头脑协调

9．教育部发布的《幼儿园工作规程》中规定，幼儿户外活动时间每天不少于（　　）小时。

A．1 B．2 C．3 D．4

10．体育游戏的主要形式为（　　）。

A．比赛活动 B．游戏活动

C．上课活动 D．表演活动

## 二、填空题

1．小班的钻爬类体育教具高度为_____厘米。

2．在规则游戏中，教师指导的重点是幼儿的_____。

3．教师可选择有一定难度的音乐游戏，也可以开展带有_____的音乐游戏。

4．幼儿体育游戏发展的基本动作主要有_____、_____、_____、_____、_____、_____、_____等。

## 三、简答题

根据大班幼儿的发展能力，写出体育游戏"跳房子"的活动目标。

## 四、案例分析题

小鹏是一名中班男孩，尽管他在班上年龄偏大，但是他的运动能力发展相对滞后。他在集体游戏时不够积极，语言表达能力也较差，因为听不懂游戏规则，不了解游戏的玩法，经常被其他幼儿嫌弃。这导致小鹏越来越不喜欢参加游戏。

试分析：

1．小鹏不愿意参加游戏的原因是什么？

2．案例中提到小鹏听不懂游戏规则，有规则的游戏属于婴幼儿游戏中的哪一种？其分类是什么？

3．教师应如何引导小鹏？

## 五、参考答案（扫描二维码获取）

## 任务五　民间游戏与学习活动保育

### 任务目标

1. 知识目标

（1）了解传统民间游戏的定义及常见的传统民间游戏。

（2）理解传统民间游戏、民族游戏的环境规划和材料投放的注意要点。

（3）了解传统民间游戏和民族游戏融入托幼机构游戏活动的实施流程及呈现的思政情怀。

（4）了解传统民间游戏和民族游戏实施过程中的保育要点。

2. 技能目标

（1）掌握传统民间游戏的开发与运用原则，将传统民间游戏合理融入教学。

（2）掌握传统民间游戏的特点，将不同类型的传统民间游戏融入托幼机构的各类活动。

（3）能在不同民间游戏的组织和实施过程中正确进行保育工作。

3. 思政目标

（1）在学习过程中体现团结协作的意识，培养爱岗敬业的职业精神。

（2）培养包括认真负责的工作态度、较强的组织能力和动手能力的综合职业素养。

（3）将家国情怀、中华优秀传统文化融入传统民间游戏的教学内容。

（4）将传统民间游戏与实践有效结合，培养创新创造意识。

### 任务学时

本任务共 8 学时。

## 任务描述

"小皮球,驾脚踢,马兰开花二十一,二五六,二五七,二八二九三十一……"

这是 20 世纪 60 年代到 90 年代流行的跳皮筋童谣《马兰花开》中的内容。进入 21 世纪后,随着经济发展和娱乐方式的增多,"跳皮筋"逐渐淡出了孩子们的视野。

对于绝大多数人,童年时代印象最深的一定是和小伙伴们在宽阔自然的场地中进行的踢毽子、跳皮筋、拍纸板、跳房子、捉迷藏等小游戏,这些风格迥异的游戏具有浓厚的生活气息,不仅流行于幼儿群体,也俨然成为当代成年人的回忆。这些游戏都被称为"传统民间游戏"。其中有些游戏在发展中逐渐完善,最后成为当代许多托幼机构教师和幼儿喜欢的游戏内容,有的甚至成为竞技项目或杂技艺术。

本任务主要介绍民间游戏与学习活动。学习者将了解传统民间游戏和民族游戏的定义、作用与功能,同时了解托幼机构在运用这些游戏时应注意的问题,以及掌握游戏过程中的保育要点。学习者通过相关理论学习,结合实训环节的活动示范,可理解和掌握民间游戏融入托幼机构教育的过程及其相关保育工作。

带有中国本土特色的传统民间游戏和民族游戏在时代的发展中不同程度地受到操作材料或价值取向的冲击,在蒙台梭利、福禄贝尔等西方教育思想和相应的操作材料在我国占据一席之地时,作为新时代的幼教工作者,应挖掘身边具有浓厚生活气息和本土特色的民间游戏资源,将之转化为顺应幼儿需要、符合教育发展规律、贴近幼儿生活的教育内容,在应用中传承,在传承中创新。

## 知识储备

传统民间游戏与民族游戏中蕴含着生活情怀、风土人情、民族特点、文化认同感和民族归属感。扫描二维码可观看非遗舞蹈"钱鞭舞"。

### 一、传统民间游戏的定义

民间游戏的起源一般可分为直接发生和间接发生两大类。直接发生的民间游戏,一般是人们基于娱乐、消遣、竞赛或教育等目的而有意识地创造的;间接发生的民间游戏则是由生产和生活方式、生活内容等演变而来的。例如,赛马、斗牛、斗鸡等民间游戏与家畜、家禽的驯化和畜牧业的发生与发展有着密切的渊源,扭秧歌等则来自农业劳作过程，射击类、投掷类竞技及鹿棋等与渔猎业有关，木偶、皮影则与手工业相通，它们的发生与发展，与当时当地的物质生产方式都有着直接或间接的关系。[1]

关于传统民间游戏的定义，不同的学者从不同方面都有阐述，乌丙安先生在《中国民俗学》中将民间体育游戏定义为民间游戏，是指流传于广大人民生活中的嬉戏娱乐活动，俗称"玩耍"，是游艺民俗中最常见、最普遍、最有趣的娱乐活动。朱淑君在《民间游戏》中提出，民间游戏产生、流传于人民群众，主要是青少年、儿童日常生活中，具有一定的形式、规则、内容，又可因时因地发展变化的，以玩耍为目的的小型嬉戏娱乐活动。《花样民游》里将民间游戏定义为：产生于生产生活，流传多年的、广大人民群众喜闻乐见的、最普遍的、最有趣味的活动，包括流传于人们日常生活中的一切娱乐、嬉戏、玩耍、兴趣、玩偶、表演、观赏、爱好、学作、竞技等活动形式。

结合前人的观点，本书将传统民间游戏定义为：产生于不同时期、不同地域的生产生活方式，流传于广大人民群众中的嬉戏娱乐活动，具有传统性、娱乐性、规则性，是一种代代相传的游戏形式。

## 二、传统民间游戏的特点

传统民间游戏经过一代又一代人的传承和发展，如今已经成为我国优秀传统文化的组成部分，彰显了民族文化特色和浓厚文化底蕴，它除具有一般游戏的自发性、娱乐性、规则性、虚构性等特征外，还具有自己的独特之处。

### 1. 地方特色性

不同的地方会因其独特的自然、人文环境而形成特有的传统民间游戏。例如，平原地区的游戏多以模仿生活、劳动为主，如"老鼠娶新娘""挤油渣""切西瓜"等游戏；江南水乡则流行"打水漂""斗鸡""骑竹马"等游戏；草原地区的幼儿则喜欢马术比赛、抛布鲁等游戏；盛产竹子的地方则会有许多以竹子为道具的游戏，如"滚竹筒""竹筒炮""竹竿舞"等。

另外，同一种游戏类型也会因不同地区的自然、人文环境和社会环境的差异产生不同的表现形式。比如，南方的"划龙舟"与北方的"划旱船"是同一类型游戏，但因所处的地域不同，玩法和形式各不相同。还有一部分游戏会融合当地方言。比如，流传在

---

[1] 李莉. 民间游戏的玩与学：传承中的创新[M]. 北京：世界图书出版公司，2020.

广西地区"抽陀螺"的童谣"打陀螺，打老牛，抽陀螺，放企落（客家方言中，'企落'指'陀螺'），陀螺陀螺转转，我给老牛添草哩，老牛一角把涯掇（客家方言中，'涯'指'我'）。"节奏明快，配合打陀螺的动作，凸显客家文化特色。

#### 2. 丰富多样性

传统民间游戏的丰富多样性主要体现在以下三个方面。

（1）类型丰富多样：据统计，经过多年的传承与发展，目前幼儿喜闻乐见的传统民间游戏有几十种，如"跳房子""老鹰捉小鸡""跳皮筋""跳绳"等。[1]

（2）材料丰富多样：传统民间游戏来源于生活，游戏材料简单易得，且对玩具材料的要求较低，很多材料可以直接就地取材，替代物种类也很多。

（3）游戏内容丰富多样，而且会随着季节变化而变化：典型的如元宵节撑花灯、猜灯谜，端午节赛龙舟等，人们会根据不同的季节或时令创造性地参与不同的游戏。

#### 3. 趣味随机性

趣味性是游戏的生命，是儿童创造力和想象力的来源。传统民间游戏之所以能够代代流传、经久不衰，在很大程度上是依赖于它来源于生产生活，具有浓厚的生活气息，同时具备很强的娱乐性和趣味性，符合幼儿好奇、好动、活泼的特点，且因为游戏过程中的材料丰富、内容多变、规则可协商等，能够促进幼儿积极主动参与。传统民间游戏的发起具有很强的随机性，游戏的玩法和形式灵活多变，绝大部分游戏没有复杂的规则，游戏参与者可以根据现场的环境、材料、人数等自行拟定和改变游戏规则，充分发挥主观能动性自主控制游戏的进程。大多数传统民间游戏的开展不需要特别的组织，也不需要讲究的场地，不规定玩耍的时间，只要幼儿有兴趣，随时都可以开始或结束。

#### 4. 规则性和竞技性

规则性和竞技性是传统民间游戏很重要的本质特征，所有的游戏活动都是在一些事先预设好的，并为大家所认可和遵守的规则中进行的，如打陀螺、赛马、斗鸡等。竞技性更多地体现在传统体育竞技类活动中，即使是乐舞类活动（如竹竿舞、跳花灯等），也含有竞技意识。

---

[1] 莫云娟，任婕. 幼儿园游戏活动指导[M]. 长沙：湖南师范大学出版社，2021：221.

### 5. 自发传承性

传统民间游戏是人们在传统文化的基础上经过不断加工而形成的，奠定了丰富的文化底蕴，是优秀传统文化的重要组成部分。它因具有易学、易会、易传的特点而很容易被保留并延续，有些游戏甚至成为当地的竞技体育活动，如"跳马""马术""竹竿舞""投绣球"等。"民间传统游戏有其独特的魅力，它永远向着无限的有限，是灵活的和开放的，是永远允许且鼓励儿童进行创新和改编的，即使对于那些经典的民间传统游戏也是如此。"[1]

扔沙包[2]　　　　　　　　　　　躲沙包[2]

## 三、传统民间游戏在托幼机构中应用的价值

传统民间游戏从含义到文化特点都具有文化功能。传统民间游戏流传至今，既丰富了广大人民群众的童年生活，也对幼儿的发展产生了积极的意义和价值，这种价值逐渐在各地幼儿园广泛流传。

### 1. 传统民间游戏促进幼儿身心全面发展

传统民间游戏对幼儿身心两方面都有重要的意义和价值。传统民间游戏具有随机性和趣味性，正好满足幼儿好奇、好玩的特点，尤其是民间体育游戏，因其具有简单易上手、玩法多变、带有竞技性等特点，可以快速激发幼儿主动参加游戏的兴趣，如"跳房子""跳皮筋""老鹰捉小鸡"

---

[1] 秦元东，等. 浙江儿童民间游戏：现状与传承[M]. 杭州：浙江大学出版社，2011.

[2] 图片来源：广西实验幼儿园.

"滚铁环"等涉及走、跑、跳等基本身体动作的游戏，不仅能够很好地锻炼幼儿的基本运动技能，还能提高幼儿身体素质，进一步发展他们动作的协调性和灵活性。扫描二维码可观看"扔沙包"游戏。

另外，传统民间游戏有利于幼儿心理健康，有助于幼儿智力的开发。有些游戏伴随着有趣的童谣。例如，"编花篮"游戏的童谣："编，编，编花篮，花篮里面有小孩，小孩的名字叫花篮。蹲下，起立。蹲下，起立。一二谁出来，一二谁出来。"大家的脚相互搭好以后，依据童谣中"蹲下""起立"的口令，单脚做下蹲动作，谁摔倒了或脚掉落则出局。这样的游戏既能锻炼幼儿的下肢动作，也能在说唱中丰富词汇量，感知能力也能增强，语言表达能力随之提高。因此，集各种动作训练、有趣的语言和宽容的游戏玩法等为一体的传统民间游戏不仅能增强幼儿身体素质，促进身体动作的发展，也能促进幼儿的感知、智力、语言、思维等的发展。

### 2. 传统民间游戏促进幼儿良好品德和行为习惯的培养

寓教于乐是传统民间游戏的一个重要功能，无论是体育活动还是节令习俗，尤其是儿童游戏，都能在娱乐中潜移默化地培养积极向上的人生观和价值观。[①]幼儿在开展游戏的过程中，多人合作，共同参与。在类似于"竹竿舞"（扫描二维码可观看"竹竿舞"）"丢沙包""抱蛋""枪花炮"等的竞技类游戏中，讲究集体协作、团队意识，因此在游戏过程中幼儿会逐渐理解游戏的结果可能会和团结、团队等因素有关，从而学会协调处理问题，培养合作意识。

传统民间游戏因其强烈竞技性的特质，在游戏过程中可体验各种情绪，比如输赢的结果会让游戏者产生喜悦之情，体验到成功的满足感和成就感。传统民间游戏如其他常见游戏一样，幼儿可以在其中尽情释放自己的情绪情感，敢于大声说笑、大胆想象，自娱自乐，创造性地表现游戏形式。从这个意义上来说，传统民间游戏有益于幼儿的情绪发展，有助于幼儿良好个性品质的发展，有助于形成良好的品德和坚强的意志品质，从而促进幼儿社会交往能力的发展。

### 3. 传统民间游戏促进幼儿民族文化认同感的培养

传统民间游戏主要是从人们的生产劳动、民间信仰、娱乐活动中产生和演变而来的。随着时代的发展和传播途径的增加，很多传统民间游

---

① 陈钰文，韦苏文. 广西民间游艺[M]. 南宁：广西教育出版社，2021：7.

戏开始被各地幼教工作者引入托幼机构的教学活动。传统民间游戏是广大人民群众的当地生活、风土人情、历史文化的缩影，因此在托幼机构开展传统民间游戏，能够让幼儿了解和传承本土文化，在游戏的过程中产生愉悦情绪，更好地接纳自己的家乡，促进民族情感和文化认同感的形成。

## 四、传统民间游戏环境和材料

对于托幼机构的教育教学，挖掘传统民间游戏资源，加强对传统民间游戏的传承、开发和创新，可以起到丰富游戏课程的作用。对传统民间游戏的运用绝不是简单地搬运至幼儿园即可，而是要在充分理解传统民间游戏精髓的基础上，创设具有创新性的游戏环境，选用可以无限发挥游戏者想象力的游戏材料。

### 1. 传统民间游戏环境的规划与设置

首先，要利用室内外环境为幼儿提供宽敞自由的传统民间游戏场地。很多民间体育类游戏需要宽阔的场地（见下图），如"丢沙包"建议在 5 米×3.3 米的场地内进行，这样才能更好地锻炼闪躲技能和投掷能力。但是，户外游戏场地需要优先考虑环境的安全性，教师在创设户外游戏环境时，一定要提前排除可能存在的安全隐患，在游戏实施过程中也要做好相应的防护措施。比如，在进行需要大量跑跳的追逐类游戏时，可以让幼儿戴上护膝等工具。

抛绣球[①] 　　　　　　　　　　　划旱舟[①]

---

① 图片来源：靖西市禄峒镇荣劳中心幼儿园。

其次，教师可以充分利用室内的环境开展适合室内进行的传统民间游戏，如"翻花绳"。教师也可以充分利用主题墙、游戏区域、走廊等地方，设置一些占地较小的民间益智游戏，如"跳棋""民族扎染"等。

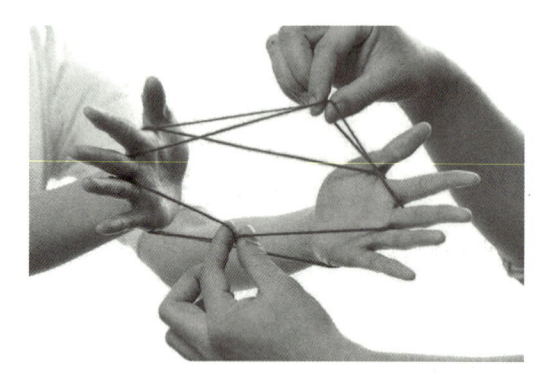

翻花绳[①]

民族扎染[①]

"幼儿园除创设丰富的可提供给幼儿操作的民间儿童游戏的物质环境外，还应积极构建包括师生关系、同伴关系和集体活动氛围在内的民间游戏的精神环境。"[②]教育部颁布的《幼儿园教育指导纲要》指出："建立良好的师生关系、同伴关系，让幼儿在集体中感到温暖，心情愉快，形成安全感、信赖感。"宽松自由的精神环境更容易引导幼儿主动愉快地进行游戏，因此教师要重视为幼儿创设自由、轻松、愉悦的游戏环境。同时丰富有趣的环境创设，也会使幼儿在开展传统民间游戏时更加投入。

大戏台[③]

投壶[③]

---

① 图片来源：南宁市第一幼儿园。

② 牛桂红. 幼儿园游戏[M]. 长沙：湖南师范大学出版社，2019：291.

③ 图片来源：广西实验幼儿园。

## 2. 传统民间游戏材料的开发与运用

托幼机构引入传统民间游戏作为园内可利用的资源，并使其能充分发挥寓教于乐的作用，需要教师的指导。教师指导主要借助自身和材料两种媒介来实现。投放合乎幼儿需要的游戏材料并及时调整，能够极大增强幼儿游戏的自主性，从而保证游戏的效果。

首先，游戏材料的开发和运用要确保安全性。很多传统民间游戏的游戏材料易得、简单，比如"翻石子"，随便捡起一块小石头就可以开展游戏了。但是，出于对安全和干净的考虑，要对自然材料、废旧可利用的材料进行修整、清洗消毒，以确保材料安全可靠。其次，游戏材料的开发和运用要具有地方特色。托幼机构要充分利用本地特色，结合当地民俗、民族特征，积极搜寻和构建传统民间游戏材料。比如，"竹竿舞"中竹竿的主要原料就是竹子，可以直接使用。比如"翻石头"游戏，在南方或沿海地区，所用的材料多是石头、贝壳等当地材料；在北方或内陆地区，就可能是动物的骨头或果核。因此，在开发和运用传统民间游戏的材料时，要充分考虑当地特色，这有利于游戏在传承民族文化方面发挥出最大作用。

## 五、传统民间游戏的组织与实施

### 1. 选取科学合适的游戏内容

传统民间游戏的种类众多，每个地区有所不同，但从玩法、形式等方面，可以大致分为以下三大类型。

| 游戏类型 | 概念 | 特征 | 分类 |
| --- | --- | --- | --- |
| 民间体育游戏 | 将含有民间的具有文化性、教育性和娱乐性的游戏用体育活动的方式去展现的一种游戏活动[1] | 娱乐性、竞技性、规则性、生活性、民族性、地域性、健体性、现代性 | 跳跃类游戏：竹竿舞、跳房子、跳绳、编花篮、单脚骑马跳等；<br>走类游戏：两人三足、踩高跷、赶小猪等；<br>跑类游戏：丢手绢、老狼老狼几点钟、老鹰捉小鸡、荷花荷花几点开、抢四角等；<br>投掷类游戏：丢沙包、抛绣球等；<br>钻类游戏：炒黄豆、网小鱼等；<br>其他类游戏：捉迷藏、打陀螺等 |

---

[1] 谈治平：开封市小学民间传统体育游戏开展现状研究[D]. 开封：河南大学，2017：34-36.

续表

| 游戏类型 | 概念 | 特征 | 分类 |
|---|---|---|---|
| 民间益智游戏 | 流传于广大人民生活中，适合游戏者的年龄特点、认知发展和成长规律，乐于被游戏者所接受的，锻炼游戏者手、眼、脑等部位，能够将智力活动和娱乐活动巧妙地结合起来，增强游戏者自身逻辑分析能力和思维敏捷性的游戏 | 游戏材料简单、成本低；<br>游戏过程有趣且规则灵活；<br>游戏人数、时间、场地不受局限 | 观察类游戏：数独、走迷宫、拼图；<br>想象力游戏：七巧板；<br>反应力游戏：猜正反、正说反做、打手背等；<br>思维力游戏：棋牌游戏 |
| 民间语言游戏 | 伴随当地代代口耳相传的童谣，遵循一定的传统玩法，自主开展并在一定区域内广为流传的游戏活动 | 文学艺术性、生活性、民俗性、传承性 | 肢体动作歌谣类：拉大锯、拍手歌；<br>绕口令类：葡萄皮儿、打醋买布；<br>节气歌谣类：夏九九歌；<br>应答类：什么开花节节高；<br>说画类：丁老太太 |

## 2. 结合幼儿园活动实施传统民间游戏

传统民间游戏可以与托幼机构的生活活动进行深度融合。幼儿园的一日生活活动包括入园接待、过渡环节、进餐环节、盥洗环节、离园环节等，在过渡环节中可以穿插一些传统民间游戏，如"123，木头人"游戏，可以让等待时间变得有趣。教学活动可以与传统民间游戏结合，根据幼儿的需求和兴趣，合理安排教学活动，丰富活动形式和内容，提高教学趣味性。比如，可以结合体育活动开展"跳房子"游戏，既能锻炼幼儿的单脚、双脚跳跃能力，也能使幼儿在游戏中理解方位和数学概念。很多托幼机构还结合当地特色，创设各类民间游戏区，传承中国传统文化。区域活动是幼儿园最重要的教学组织形式之一，在区域活动中充分发挥幼儿自主性，使其在操作中探索、体验、发现，如创设民族扎染区、皮影戏区域、油茶制作区、银饰制作区等。

沙画区[①]                             织布区[②]

# 六、在托幼机构实施传统民间游戏的保育要求

1. 游戏前

（1）对玩/教具和环境进行清洁和消毒。

（2）反复确认游戏环境的安全性。

（3）检查幼儿的着装，穿戴汗巾。

2. 游戏时

（1）观察幼儿开展游戏，必要时可以适当介入。

（2）注意提醒幼儿在游戏过程中进行饮水、如厕、脱换衣物。

3. 游戏后

（1）带领幼儿收拾场地和材料。

（2）引导幼儿进行自我清洁和管理。

（3）进行玩/教具和场地的清洁消毒。

---

① 图片来源：南宁市恒大绿洲幼儿园。

② 图片来源：南宁市第一幼儿园。

# 实训活动

## 活动 14　传统民间游戏与学习活动保育

### 一、活动准备

【案例】

传统民间游戏改编：扔沙包[①]。

【创设背景】

在户外活动中，孩子们正在进行投掷海洋球的游戏，刚开始大家都按照原始的游戏规则：将海洋球扔进对面的筐里，忽然有一组孩子没有将海洋球投进筐里，而对面的幼儿出现了闪躲行为，并且呼叫大家来玩"躲子弹"游戏。孩子们一呼百应，纷纷改变游戏玩法。教师发现了孩子的新玩法后，灵机一动，开始拉起绳子，准备官兵帽等道具，组织孩子们开始进行"躲子弹"的沙包游戏。

【游戏目标】

1．训练投掷能力。

2．在闪躲过程中提高下肢运动的速度和灵敏度。

3．懂得自发组织和开发游戏的不同玩法。

从【创设背景】【游戏目标】可以了解游戏从何而来，在日常生活中关注相关经验与认知，从而明确游戏重点，为教师指导游戏做准备。

| 设计意图 | 在活动中幼儿无意中开启了新的玩法，并呼吁改编游戏，作为活动的支持者，教师根据幼儿的兴趣和需求，丰富了道具，增加了游戏的玩法 |
| --- | --- |
| 游戏类型 | 民间体育游戏 |
| 游戏目的 | 1．锻炼幼儿的投掷能力，训练手眼协调能力；<br>2．促进幼儿在闪躲过程中提高下肢运动的速度和灵敏度；<br>3．懂得自发组织和开发游戏的不同玩法，增进幼儿之间的团队合作和互动性 |

---

① 案例来源：广西实验幼儿园。

续表

| 游戏场地要求 | 场地干净、整洁，温、湿度适宜；地面已清理干净碎石、沙子等容易造成磕碰伤的杂物；由于需要经常跑动、移动，场地需要足够宽敞，并远离水源 |
|---|---|
| 游戏规则 | 1. 人数要求：将幼儿平均分成4组，每次轮2组同时进行，一组为投掷组，另一组为躲避组；<br>2. 场地布置：两组幼儿分别站在场地的两端，形成一条直线，中间的空地是"安全区"，供躲藏者站立；<br>3. 道具：沙包是主要的道具，一般用软质材料制成；<br>4. 具体步骤：游戏开始，一组幼儿轮流向另一组幼儿投掷沙包，目的是击中中间的躲藏者，被击中者退出游戏；如果躲藏者接住了沙包，则可以"救活"退出的队友或增加一条"命"；如果躲藏者全部被击中，则两组幼儿互换角色，游戏重新开始 |
| 学习小组学生分组名单 | 组长：<br>组员： |

## 二、活动计划

### 【游戏准备】

投放沙包、防护衣、官兵帽。

了解所需材料，鉴别其安全性、适宜性，以便及时调整。

| 游戏主题 | 丢沙包 |
|---|---|
| 游戏材料 | 材料明细（可自行增加）：沙包、防护衣、官兵帽、绳子<br>消毒方式：日晒、清水清洗 |
| 预期目标 | 1. 锻炼幼儿的投掷能力，训练手眼协调能力；<br>2. 促进幼儿在闪躲过程中提高下肢运动的速度和灵敏度；<br>3. 懂得自发组织和开发游戏的不同玩法，增进幼儿之间的团队合作和互动性 |

续表

| 保育要点 | 1. 环境准备：游戏场地干净整洁、安全无毒，温、湿度适宜，适合开展活动<br>室外温度：26℃　　　　室外湿度：55%<br><br>2. 活动场地存在的安全隐患：<br>已清扫干净场地内的碎泥沙、碎石块<br><br>3. 幼儿准备：<br>幼儿状态良好，无哭闹现象，乐于参与本次游戏；<br>已穿好宽松衣物，适宜奔跑的运动鞋，必要时可戴上护膝<br><br>4. 教师个人准备：<br>衣着整齐，修剪好指甲，盘好头发，褪下首饰，适宜开展本次活动 |
| --- | --- |

## 三、活动实施

【游戏过程】

（一）热身活动

教师带领幼儿一起做运动热身操。

（二）介绍游戏

1. 将幼儿分成两组，介绍游戏场地："日"字形，一组一边，投掷距离大约为3米。

2. 介绍游戏规则。

（1）将幼儿分成甲、乙两组，甲组有2名投掷手，乙组为躲避者。游戏开始后，甲组的投掷手站在"日"字形场地的外围（已经用绳子牵引好）做好投掷准备。

（2）躲避者站在"日"字格内，在投掷手扔沙包的时候可以跑动躲避，但是不能离开格子。

（3）被沙包打中的幼儿离开格子，直至躲避者被全部打中，两组幼儿交换身份，重新开始游戏。

3. 准备好道具，交代注意事项。

躲避者需要穿上防护衣，在跑动过程中不能推搡、拥挤在一起，注意安全。

## （三）开始游戏

教师在一旁观察记录幼儿的游戏情况，同时保证幼儿的游戏安全。

## （四）游戏结束

做放松动作，并组织幼儿分享游戏体验。

| | |
|---|---|
| 幼儿活动 | 1. 按要求分组；<br>2. 根据道具自行换装；<br>3. 集体讨论，分工合作，开始游戏；<br>4. 尊重游戏规则，完成游戏；<br>5. 游戏结束后主动收拾活动场地，妥善归置活动材料 |
| 教师活动 | 1. 观察幼儿的游戏行为，观察幼儿解决问题的能力；<br>2. 在游戏过程中适时介入游戏，增强幼儿的好胜心；<br>3. 将此次游戏的效果及过程做好记录，为后期对游戏进行改造升级提供数据支持 |
| 保育要点 | 1. 活动过程中有无意外事故发生：<br>□有：<br>处理记录：<br><br>☑无<br>2. 记录幼儿换装：<br>活动前幼儿佩戴好护膝，活动期间幼儿无须更换衣物，活动结束后更换汗巾或衣物 1 次<br>3. 记录幼儿的饮水、如厕情况：<br>活动前组织幼儿上厕所 1 次、喝水 1 次，活动期间幼儿按需进行如厕和饮水，活动结束后幼儿集体上厕所洗漱 1 次、喝水 1 次 |
| 思政情怀 | 1. 掌握传统民间游戏的概念，明确传统民间游戏的特点及教育作用；<br>2. 根据幼儿年龄特点选择合适的传统民间游戏进行改编，能在游戏中发展不畏困难、顽强拼搏的精神，提升身体素质；<br>3. 培养爱国主义和传承、创新中华优秀传统文化 |

## 四、活动检测

| 小组任务 | 按照下列格式，综合运用所学，分别设计小、中、大班角色游戏场景各一个，并指出保育要点，上传"学习通" |||
|---|---|---|---|
| 小组成员 ||||
| 年龄段 | 小　班 | 中　班 | 大　班 |
| 游戏主题 ||||
| 活动准备 / 环境准备 ||||
| 活动准备 / 物料准备 ||||
| 活动准备 / 幼儿准备 ||||

续表

| | | | |
|---|---|---|---|
| 活动计划 | | | |
| 活动实施 | | | |
| 保育要点 | | | |
| 思政情怀 | | | |

# 五、活动评价

班级：　　　　　　　姓名：　　　　　　　学号：

| 评价标准 | 评分参考 | | 参考分值 | 自评 | 组长评 | 教师评 |
| --- | --- | --- | --- | --- | --- | --- |
| 任务完成情况 | 任务顺利完成，无失误、延误情况 | | 0～20 | | | |
| 保育专业知识与技能 | 理论认知 | 理解游戏保育的重要性、方法及特点 | 0～6 | | | |
| | 技能掌握 | 能根据婴幼儿身心发展的特点设计并实施游戏保育措施，抓住活动的保育要点 | 0～6 | | | |
| | 扩展活动 | 能根据不同年龄婴幼儿的需求实施保育措施 | 0～6 | | | |
| 思政与价值导向 | 保育职业道德 | 树立游戏前、游戏中、游戏后的幼儿保育照护职业道德意识，能及时关注幼儿保育需求 | 0～8 | | | |
| | 集体意识 | 在活动实施中具有热爱集体、热爱生活的情怀 | 0～8 | | | |
| | 保育情怀 | 能在游戏实施过程中体现耐心、爱心，有谨慎的保育态度 | 0～8 | | | |
| 综合素质与通用能力 | 出勤 | 按时到岗，学习准备就绪，按时到达学习岗位 | 0～5 | | | |
| | 课堂纪律 | 能够参与合作，不缺席，不做与课堂无关的事 | 0～5 | | | |
| | 合作能力 | 能融入集体，有团结协作的精神 | 0～5 | | | |
| | 信息收集能力 | 在学习中积极主动，不怕困难，勇于探索，学习态度认真，虚心好学，与他人共同协作完成任务 | 0～5 | | | |
| | 沟通表达 | 在完成任务的过程中，遇到问题能共同讨论解决 | 0～5 | | | |

续表

| 综合素质与通用能力 | 创新能力 | 有强烈的好奇心和探索欲望，在活动中充分发挥个人特长，设计出具有个性的活动方案 | 0～5 | | |
|---|---|---|---|---|---|
| 总分 | | | | | |

| 自我总评 | |
|---|---|

| 小组评价 | 组长签名：_____  _____年_____月_____日 |
|---|---|

| 教师总评 | 教师签名：_____  _____年_____月_____日 |
|---|---|

## 活动 15　民族游戏与学习活动保育

### 一、活动准备

【案例】

大班民族游戏：竹竿舞[①]。

【创设背景】

随着时代变迁，基于当地的民间游戏呈现"园本化"特点，越来越强调"儿童本位"的观点。鉴于此，很多幼儿园开始挖掘兼具中国传统文化底蕴和民族文化特色的民族游戏。广西某幼儿园结合广西壮族特色节日"三月三"，在幼儿园内开展"竹竿舞""抛接绣球"等游戏活动。本案例以"竹竿舞"为主要切入点，将其与体育游戏相融合形成"竹竿舞"游戏，让幼儿在游戏中获得综合发展。

【游戏目标】

1．掌握敲打竹竿的节奏，学习跨跳动作。

2．发展肢体协调能力，提高弹跳力和灵活性。

3．感受壮族传统文化的魅力。

从【创设背景】【游戏目标】可以了解游戏从何而来，在日常生活中关注相关经验与认知，从而明确游戏重点，为教师指导游戏做准备。

| 设计意图 | 结合当地民族特色，宣传广西壮族特色节日"三月三"，锻炼幼儿身体素质，结合体育游戏开展"竹竿舞"游戏活动 |
| --- | --- |
| 游戏类型 | 民族游戏 |
| 游戏目的 | 1．掌握敲打竹竿的节奏，学习跨跳动作；<br>2．发展肢体协调能力，提高弹跳力和灵活性；<br>3．感受壮族传统文化的魅力 |
| 游戏场地要求 | 1．平整宽阔的地面，将竹竿摆放呈"井"字形；<br>2．注意场地内安全及地面清洁卫生，提前排查细小物品以免幼儿误吞；<br>3．活动场地干净整洁，温、湿度适宜 |

---

① 案例来源：靖西市禄峒镇荣劳中心幼儿园。

续表

| | |
|---|---|
| 游戏规则 | 1. 将幼儿分成甲、乙两组，甲组有 4 名幼儿手握竹竿的一头，乙组幼儿按照节奏跳跃；<br>2. 甲组幼儿抓住竹竿的一头，两头同时有节奏地敲打横放在地面的两根竹竿（开合、开开合）；乙组幼儿要在竹竿开合之间敏捷跳跃，注意脚不能被竹竿夹到，否则将重新开始；<br>3. 两组幼儿交换身份，重新开始游戏；<br>4. 如果是竞赛，则需全组幼儿完成跳跃，且不被竹竿夹到，若夹到需重新起跳；最终以各组幼儿全部完成规定动作使用的时间长短来定胜负 |
| 学习小组学生分组名单 | 组长：<br>组员： |

## 二、活动计划

【游戏准备】

长竹竿 6 根（竹竿两头用棉布包裹），竹竿摆放呈"井"字形；传统壮族服饰。

竹竿摆放参考

了解所需材料，鉴别其安全性、适宜性，以便及时调整。

| | |
|---|---|
| 游戏主题 | 大班民族游戏：竹竿舞 |
| 游戏材料 | 材料明细（可自行增加）：长竹竿 6 根（竹竿两头用棉布包裹），竹竿摆放呈"井"字形；传统壮族服饰<br>消毒方式：喷洒消毒水、清水清洗、日晒 |

*续表*

| 预期目标 | 幼儿能够了解竹竿舞的来源，属于壮族特有的游戏活动；能够学会竹竿舞的通过方式，积极参与此次活动 |
|---|---|
| 保育要点 | 1. 环境准备：游戏场地干净整洁、安全无毒，温、湿度适宜，适合开展活动。<br>室内（外）温度：26℃　　　室内（外）湿度：55%<br><br>2. 活动场地存在的安全隐患：<br>可能存在细碎石子<br><br>3. 幼儿准备：<br>幼儿状态良好，无哭闹现象，喜欢参与本次游戏<br><br>4. 教师个人准备：<br>着装整齐，修剪好指甲，盘好头发，衣着宽松，穿好平底鞋，适宜开展活动 |

## 三、活动实施

【游戏过程】

1. 热身活动：带领幼儿一起做运动热身操。

2. 教师介绍游戏。

（1）竹竿舞是具有壮族"三月三"节日特色的传统民俗活动，动作简单。对竹竿舞特别熟练的人还可以手持道具表演不同动作。今天的游戏分为两组，一组敲击竹竿，另一组跳跃。

（2）教师介绍游戏规则。

①将幼儿分成甲、乙两组，甲组有4名幼儿，手握竹竿的一头；乙组幼儿按照节奏跳跃。

②甲组幼儿抓住竹竿的一头，两头同时有节奏地敲打横放在地面的两根竹竿（开合、开开合）；乙组幼儿要在竹竿开合之间敏捷跳跃，注意脚不能被竹竿夹到，否则将重新开始。

③两组幼儿交换身份，重新开始游戏。

④如果是竞赛，则需全组幼儿完成跳跃，且不被竹竿夹到，若夹到需重新起跳；最终以各组幼儿全部完成规定动作使用的时间长短来定胜负。

（3）布置场地，交代注意事项。

3．开始游戏，教师在旁边观察记录游戏情况，同时保证幼儿的游戏安全。

4．游戏结束，做放松动作，并组织幼儿分享游戏体验。

5．指导幼儿更换汗巾或衣服，洗手休息，及时补充饮用水。

| | |
|---|---|
| 幼儿活动 | 1．仔细观看教师示范正确操作；<br>2．活动后能够一起收拾教具 |
| 教师活动 | 1．准备教具，创设良好的活动环境，正确示范操作步骤，引导幼儿积极互动；<br>2．观察幼儿的游戏行为，在游戏过程中适时介入；<br>3．将此次游戏的效果及过程做好记录，为后期对游戏进行改造升级提供数据支持 |
| 保育要点 | 1．活动过程中有无意外事故发生：<br>☑有：幼儿的脚踝被竹竿夹到<br>处理记录：已经及时送到幼儿园医务室进行检查，没有伤到筋骨，用冰敷缓解疼痛，已通知家长<br>☐无<br>2．记录幼儿换装：<br>活动前已垫好汗巾，活动后需要换衣服或汗巾<br>3．记录幼儿的饮水、如厕情况：<br>活动前集体饮水和如厕1次，活动期间幼儿按需饮水和如厕，活动结束后集体饮水和清洗 |
| 思政情怀 | 了解竹竿舞的来历，体验民族自豪感，锻炼身体，养成锻炼的习惯 |

## 四、活动检测

| 小组任务 | 按照下列格式，综合运用所学，结合幼儿园的实际，将民族游戏进行融入改编，并指出保育要点，上传"学习通" ||
|---|---|---|
| 小组成员 | ||
| 民族游戏 | ||
| 活动准备 | 环境准备 | |
| | 物料准备 | |
| | 幼儿准备 | |

续表

| | | |
|---|---|---|
| 活动计划 | | |
| 活动实施 | | |
| 保育要点 | | |
| 思政情怀 | | |

## 五、活动评价

班级：　　　　　　姓名：　　　　　　学号：

| 评价标准 | 评分参考 | 参考分值 | 自评 | 组长评 | 教师评 |
| --- | --- | --- | --- | --- | --- |
| 任务完成情况 | 任务顺利完成，无失误、延误情况 | 0～20 | | | |
| 保育专业知识与技能 | 理论认知 | 理解游戏保育的重要性、方法及特点 | 0～6 | | | |
| | 技能掌握 | 能根据婴幼儿身心发展的特点设计并实施游戏保育措施，抓住活动的保育要点 | 0～6 | | | |
| | 扩展活动 | 能根据不同年龄婴幼儿的需求实施保育措施 | 0～6 | | | |
| 思政与价值导向 | 保育职业道德 | 树立游戏前、游戏中、游戏后的幼儿保育照护职业道德意识，能及时关注幼儿保育需求 | 0～8 | | | |
| | 集体意识 | 在活动实施中具有热爱集体、热爱生活的情怀 | 0～8 | | | |
| | 保育情怀 | 能在游戏实施过程中体现耐心、爱心，有谨慎的保育态度 | 0～8 | | | |
| 综合素质与通用能力 | 出勤 | 按时到岗，学习准备就绪，按时到达学习岗位 | 0～5 | | | |
| | 课堂纪律 | 能够参与合作，不缺席，不做与课堂无关的事 | 0～5 | | | |
| | 合作能力 | 能融入集体，有团结协作的精神 | 0～5 | | | |
| | 信息收集能力 | 在学习中积极主动，不怕困难，勇于探索，学习态度认真，虚心好学，与他人共同协作完成任务 | 0～5 | | | |
| | 沟通表达 | 在完成任务的过程中，遇到问题能共同讨论解决 | 0～5 | | | |

续表

| 综合素质与通用能力 | 创新能力 | 有强烈的好奇心和探索欲望，在活动中充分发挥个人特长，设计出具有个性的活动方案 | 0～5 | | | |
|---|---|---|---|---|---|---|
| 总分 | | | | | | |
| 自我总评 | | | | | | |
| 小组评价 | 组长签名：_____  _____年_____月_____日 ||||||
| 教师总评 | 教师签名：_____  _____年_____月_____日 ||||||

# 任务拓展

## 一、知识拓展

民间游戏幼儿发展目标及游戏举例（见下表）[①]。

| 年龄阶段 | 幼儿发展目标 | 游戏举例 | | |
|---|---|---|---|---|
| | | 民间体育游戏 | 民间益智游戏 | 民间语言游戏 |
| 小班 | 完成一些基本的游戏动作；能够在教师的指导下，通过观察和模仿，参与并完成游戏；能够按照教师的指令进行游戏活动；增强幼儿动作的协调性、身体的灵活性和反应能力；能够倾听游戏中出现的民谣，初步理解其含义，愿意和教师、其他幼儿一起做游戏，体验并享受民间游戏的乐趣 | 猫抓老鼠、拨浪鼓、挤油渣、钻山洞、摇呀摇 | 踢踢扳扳、手指接龙、藏猫猫、猜中指 | 击鼓传花、斗斗虫、拉大锯、点豆豆、123木头人 |
| 中班 | 初步理解游戏的规则，按规则开展游戏；增强幼儿身体的灵活性、平衡性、协调性、反应能力；锻炼幼儿大肌肉和小肌肉的灵活性；增强幼儿的同伴合作能力；理解与游戏相关的民谣的基本内容，能够配合游戏诵读民谣，提高语言表达能力，体验传统民间游戏的乐趣，领略民间文化的魅力 | 老鹰捉小鸡、竹蜻蜓、红绿灯、丢手绢、踩高跷、走长凳、跳房子 | 石头剪刀布、纸牌接龙、抛香棒、捻捻转、响绳 | 老狼老狼几点钟、击鼓传花、炒黄豆、摇元宵、打大麦 |
| 大班 | 能协商制定并遵守游戏规则，自主开展民间游戏活动；幼儿体能得到进一步锻炼，一些基本运动技能，如投掷、单腿跳、跨步、急停跑等的能力进一步提升；同伴合作意识和合作能力进一步提高；能够准确理解游戏中童谣的意思，并进行诵读，感受这些民谣的魅力；幼儿的反应能力、肢体协调能力、灵活性等增强；热爱传统民间游戏活动，对民间文化有初步的认同感 | 滚铁环、打陀螺、竹竿舞、舞狮子、抖空竹、跳皮筋、踢毽子、玩弹弓、打腰鼓 | 东南西北、剪福字、玩纸牌、翻三角、滚硬币、翻花绳、拍手背、挑棍 | 荷花荷花几月开、编花篮、灯会猜谜、龙虎斗 |

---

[①] 茹荣芳，刘淑颖. 民间游戏的儿童发展价值及实践[J]. 现代中小学教育，2019（4）：50.

## 二、技能拓展

某幼儿园需要结合当月的传统节日或节气，设计每月一次的游园会，请搜集资料，列举可以引入的传统民间游戏。（实际节日月份以学习者学习本课程的当年为准。）

| 月 份 | 1月 | 2月 | 3月 | 4月 | 5月 | 6月 |
|---|---|---|---|---|---|---|
| 传统节日或节气 | 元旦、春节 | 元宵节 | | | | |
| 民间游戏 | | | | | | |

| 月 份 | 7月 | 8月 | 9月 | 10月 | 11月 | 12月 |
|---|---|---|---|---|---|---|
| 传统节日或节气 | | | | | | |
| 民间游戏 | | | | | | |

## 三、思政拓展

民间游戏的文化底蕴值得挖掘和传承，请搜集你的家乡带有童谣的民间游戏资料，并尝试把童谣写下来，然后将游戏过程展示拍摄成视频上传"学习通"。

# 任务测试

## 一、选择题

1．"丢沙包"属于下列哪类民间体育游戏？（　　）

　　A．投掷类　　　　　　　　B．跑类

　　C．走类　　　　　　　　　D．跳跃类

2．伴随当地代代口耳相传的童谣，遵循一定的传统玩法自主开展，并在一定区域内广为流传的游戏活动是（　　）。

A．民间体育活动　　　　　　B．民间语言游戏

C．民间益智游戏

3．能协商制定并遵守游戏规则，这是（　　）幼儿的游戏能力。

A．0~3岁托班　　　　　　　B．小班

C．中班　　　　　　　　　　D．大班

4．平原地区的游戏多以模仿生活、劳动为主，如"老鼠娶新娘""挤油渣""切西瓜"等游戏；江南水乡则流行"打水漂""斗鸡""骑竹马"等游戏。以上描述体现了传统民间游戏具有（　　）。

A．地方特色性　　　　　　　B．丰富多样性

C．自发传承性　　　　　　　D．规则竞技性

5．端午节即将到来，幼儿园开展系列活动。请问以下游戏适合结合教育活动开展的是（　　）。

A．踩高跷　　　　　　　　　B．划旱舟

C．编花篮　　　　　　　　　D．套圈

6．七巧板属于（　　）。

A．民间体育游戏　　　　　　B．民间语言游戏

C．民间益智游戏

7．"拉大锯，扯大锯，姥姥家里唱大戏……"伴随歌谣开展简单拉锯动作，这类游戏适合（　　）开展。

A．0~3岁托班　　　　　　　B．小班

C．中班　　　　　　　　　　D．大班

8．东北地区的"过新年"和广西地区的"三月三，唱山歌"表现了民间语言游戏的（　　）特点。

A．生活性　　　　　　　　　B．民俗性

C．传承性　　　　　　　　　D．文学艺术性

## 二、填空题

1．传统民间游戏的结构包括游戏名称、_____、_____、_____、_____。

2. 传统民间游戏包括＿＿＿＿、＿＿＿＿和＿＿＿＿。

3. 民间语言游戏的特征有＿＿＿＿、＿＿＿＿、＿＿＿＿、传承性。

4. 民间体育游戏的种类有＿＿＿＿、＿＿＿＿、＿＿＿＿、＿＿＿＿、＿＿＿＿和其他游戏。

## 三、简答题

1. 简述在传统民间游戏实施过程中，教师应注意的保育要点。

2. 简述传统民间游戏的特点及开展游戏的注意事项。

## 四、案例分析题

下午户外活动时间，孩子们正在兴奋地玩着"跳房子"游戏。刚开始，大家都是按格子依次跳，忽然有个孩子说："我们用铁环组成一个房子好不好？"孩子们一呼百应，于是在格子的前端加上了铁环，欣喜地跳着。教师发现孩子们的新玩法后，灵机一动，拿来了操场上的小轮胎、木箱子、麻绳……孩子们顿时用各种材料开心地玩起来，不仅可以跳房子，还可以钻爬、跨越，场面十分热闹。

（1）本案例中运用了哪个传统民间游戏？做了哪些创新改编？

（2）教师是如何开发和促进该传统民间游戏实施的？

（3）在游戏结束后，物品的存放和消毒工作应如何进行？

## 五、参考答案（扫描二维码获取）

# 附录　保育师国家职业技能标准（2021年版）

## 1. 职业概况

**1.1　职业名称**：保育师

**1.2　职业编码**：4-10-01-03

**1.3　职业定义**

在托育机构及其他保育场所中，从事婴幼儿生活照料、安全看护、营养喂养和早期发展工作的人员。

**1.4　职业技能等级**

本职业共设五个等级，分别为：五级/初级工、四级/中级工、三级/高级工、二级/技师、一级/高级技师。

**1.5　职业环境条件**

室内、外，常温。

**1.6　职业能力特征**

身心健康，人格健全；热爱婴幼儿，认真负责；亲切和蔼，善于沟通；观察敏锐，身体灵活。

**1.7　普通受教育程度**

高中毕业（或同等学力）。

**1.8　培训参考学时**

五级/初级工不少于160标准学时，四级/中级工不少于120标准学时，三级/高级工不少于80标准学时，二级/技师不少于80标准学时，一级/高级技师不少于60标准学时。

**1.9　职业技能鉴定要求**

**1.9.1　申报条件**

具备以下条件之一者，可申报五级/初级工：

（1）累计从事本职业或相关职业工作1年（含）以上。

（2）本职业或相关职业学徒期满。（相关职业：育婴员、婴幼儿发展引导员、母婴保健技术服务人员、母婴护理员、健康管理师、公共营养师、幼儿教育教师、助产士、儿科护士、儿科医师等，下同。技工学校本专业为婴幼儿托育，相关专业包括护理、幼儿教育、健康服务与管理、健康与社会照护、公共营养保健、家政服务等。职业学校本专业包括中等职业教育的婴幼儿托育，高等职业教育专科的婴幼儿托育服务与管理，高等职业教育本科的婴幼儿发展与健康管理等。职业学校相关专业包括中等职业教育的幼儿保育、母婴照护、护理、中医护理、营养与保健、现代家政服务与管理等；高等职业教育专科的早期教育、学前教育、护理、食品营养与健康、健康管理、医学营养、预防医学、助产、特殊教育、心理健康教育、现代家政服务与管理、心理咨询等；高等职业教育本科的护理、儿童康复治疗、健康管理、学前教育、现代家政管理等，以及普通高等学校本科的教育学类、护理学类、心理学类、公共卫生与预防医学类、儿科学、健康服务与管理、公共事业管理、家政学等，下同。）

具备以下条件之一者，可申报四级/中级工：

（1）取得本职业或相关职业五级/初级工职业资格证书（技能等级证书）后，累计从事本职业或相关职业工作 4 年（含）以上。

（2）累计从事本职业或相关职业工作 6 年（含）以上。

（3）取得技工学校本专业或相关专业毕业证书（含尚未取得毕业证书的在校应届毕业生）；或取得经评估论证、以中级技能为培养目标的中等及以上职业学校本专业或相关专业毕业证书（含尚未取得毕业证书的在校应届毕业生）。

④具备以下条件之一者，可申报三级/高级工：

（1）取得本职业或相关职业四级/中级工职业资格证书（技能等级证书）后，累计从事本职业或相关职业工作 5 年（含）以上。

（2）取得本职业或相关职业四级/中级工职业资格证书（技能等级证书），并具有高级技工学校、技师学院毕业证书（含尚未取得毕业证书的在校应届毕业生）；或取得本职业或相关职业四级/中级工职业资格证书（技能等级证书），并具有经评估论证、以高级技能为培养目标的高等职业学校本专业或相关专业毕业证书（含尚未取得毕业证书的在校应届毕业生）。

（3）具有大专本专业或相关专业毕业证书，并取得本职业或相关职业四级/中级工职业资格证书（技能等级证书）后，累计从事本职业或相关职业工作 2 年（含）以上。

（4）具有本科及以上本专业或相关专业毕业证书，累计从事本职业或相关职业工作2年（含）以上。

具备以下条件之一者，可申报二级/技师：

（1）取得本职业或相关职业三级/高级工职业资格证书（技能等级证书）后，累计从事本职业或相关职业工作4年（含）以上。

（2）取得本职业或相关职业三级/高级工职业资格证书（技能等级证书）的高级技工学校、技师学院毕业生，累计从事本职业或相关职业工作3年（含）以上；或取得本职业或相关职业预备技师证书的技师学院毕业生，累计从事本职业或相关职业工作2年（含）以上。

具备以下条件者，可申报一级/高级技师：

取得本职业或相关职业二级/技师职业资格证书（技能等级证书）后，累计从事本职业或相关职业工作4年（含）以上。

**1.9.2　鉴定方式**

分为理论知识考试、技能考核以及综合评审。理论知识考试以笔试、机考等方式为主，主要考核从业人员从事本职业应掌握的基本要求和相关知识要求；技能考核主要采用模拟操作等方式进行，主要考核从业人员从事本职业应具备的技能水平；综合评审主要针对技师和高级技师，通常采取审阅申报材料、答辩等方式进行全面评议和审查。

理论知识考试、技能考核和综合评审均实行百分制，成绩皆达60分（含）以上者为合格。

**1.9.3　监考人员、考评人员与考生配比**

理论知识考试中的监考人员与考生配比不低于1∶15，且每个考场不少于2名监考人员；技能考核中的考评人员与考生配比1∶5，且考评人员为3人（含）以上单数；综合评审委员为3人（含）以上单数。

**1.9.4　鉴定时间**

理论知识考试时间不少于90min，技能考核时间不少于30min，综合评审时间不少于30min。

**1.9.5　鉴定场所设备**

理论知识考试在标准教室或在计算机机房进行；技能考核应配备实操考核所需的场地、玩具，以及现场全方位监控和即时录像设备，室内卫生通风良好、光线充足、设施设备齐全；综合评审在小型会议室进行，备有实操模型、全方位监控和即时录像设备、音视频播放设备、投影仪等。

## 2. 基本要求

### 2.1 职业道德

#### 2.1.1 职业道德基本知识

#### 2.1.2 职业守则

（1）品德高尚，富有爱心。

（2）敬业奉献，素质优良。

（3）尊重差异，积极回应。

（4）安全健康，科学规范。

### 2.2 基础知识

#### 2.2.1 婴幼儿生理和心理知识

（1）婴幼儿生理学知识。

（2）婴幼儿心理学知识。

#### 2.2.2 婴幼儿营养、喂养知识

（1）婴幼儿营养知识。

（2）婴幼儿喂养知识。

#### 2.2.3 婴幼儿安全照护知识

（1）婴幼儿伤害预防知识。

（2）婴幼儿急救常识。

#### 2.2.4 婴幼儿常见病和传染病知识

（1）婴幼儿常见病及保健知识。

（2）婴幼儿传染病及预防知识。

#### 2.2.5 相关环境知识

（1）婴幼儿生活环境创设知识。

（2）婴幼儿支持性环境创设知识。

（3）合作共育基本知识。

### 2.2.6 相关法律、法规知识

（1）《中华人民共和国母婴保健法》相关知识。

（2）《中华人民共和国未成年人保护法》相关知识。

（3）《中华人民共和国食品安全法》相关知识。

（4）《中华人民共和国劳动法》相关知识。

（5）《托儿所、幼儿园卫生保健管理办法》相关知识。

（6）《托育机构设置标准（试行）》相关知识。

（7）《托育机构管理规范（试行）》相关知识。

（8）《托育机构保育指导大纲（试行）》相关知识。

## 3．工作要求

本标准对五级/初级工、四级/中级工、三级/高级工、二级/技师、一级/高级技师的技能要求和相关知识要求依次递进，高级别涵盖低级别的要求。

### 3.1 五级/初级工

| 职业功能 | 工作内容 | 技能要求 | 相关知识要求 |
| --- | --- | --- | --- |
| 1. 环境创设 | 1.1 环境准备 | 1.1.1 能依规布置日常照料和游戏活动空间<br>1.1.2 能调节室内照明、温度并保持良好通风<br>1.1.3 能摆放、收纳日常照料和游戏活动所需的材料 | 1.1.1 室内空间设置知识<br>1.1.2 室内照明、温度、通风的基本规范<br>1.1.3 材料的摆放和收纳要求 |
| | 1.2 物品管理 | 1.2.1 能对常见危险品进行保管<br>1.2.2 能做好物品的使用登记 | 1.2.1 物品保管方法与规则<br>1.2.2 常见危险品的特性及安全管理流程 |
| | 1.3 清洁消毒 | 1.3.1 能配制常用的消毒液<br>1.3.2 能按程序对婴幼儿活动场所及各类设施设备、用品、材料等进行清洁消毒并做好记录 | 1.3.1 消毒液的配制和使用方法<br>1.3.2 清洁消毒的基本要求和注意事项 |

续表

| 职业功能 | 工作内容 | 技能要求 | 相关知识要求 |
| --- | --- | --- | --- |
| 2. 生活照料 | 2.1 营养与喂养 | 2.1.1 能及时回应婴儿的进食信号，并灵活安排<br>2.1.2 能支持继续母乳喂养<br>2.1.3 能做好进食前准备、辅助进食和进食后整理<br>2.1.4 能正确储存和管理婴幼儿食品，并使用配方奶喂养<br>2.1.5 能引导婴幼儿安全饮水 | 2.1.1 回应性喂养的原理<br>2.1.2 母乳喂养知识<br>2.1.3 进食前后照料知识<br>2.1.4 食品储存和管理知识<br>2.1.5 配方奶喂养知识<br>2.1.6 婴幼儿饮水知识 |
| | 2.2 睡眠照料 | 2.2.1 能识别婴幼儿困倦的信号<br>2.2.2 能为婴幼儿营造安全良好的睡眠环境<br>2.2.3 能安抚婴幼儿入睡<br>2.2.4 能做好睡眠巡视和看护 | 2.2.1 婴幼儿睡眠的特点和规律<br>2.2.2 准备睡眠床、寝具的程序和要求<br>2.2.3 常用的睡前准备活动<br>2.2.4 安抚婴幼儿入睡的方法和注意事项<br>2.2.5 睡眠巡视和看护的要点 |
| | 2.3 生活与卫生管理 | 2.3.1 能正确地抱婴幼儿，并照料婴幼儿出行<br>2.3.2 能为婴幼儿选择和更换适宜的衣服、鞋袜等<br>2.3.3 能为婴幼儿更换尿布，及时提醒幼儿安全如厕<br>2.3.4 能为婴幼儿做好基本的盥洗照料<br>2.3.5 能向婴幼儿描述和解释日常照料行为 | 2.3.1 抱婴幼儿的正确方法<br>2.3.2 婴幼儿出行的方法及注意事项<br>2.3.3 穿脱衣服、鞋袜的注意事项<br>2.3.4 婴幼儿如厕照料的基本要求<br>2.3.5 婴幼儿盥洗的基本要求 |
| 3. 安全健康管理 | 3.1 健康管理 | 3.1.1 能为婴幼儿测量体重、身长（高）等<br>3.1.2 能开展"三浴"锻炼<br>3.1.3 能进行晨、午、晚检和全日健康观察 | 3.1.1 婴幼儿体格发育测量的基本方法<br>3.1.2 "三浴"锻炼知识<br>3.1.3 晨、午、晚检和全日健康观察的知识 |

续表

| 职业功能 | 工作内容 | 技能要求 | 相关知识要求 |
|---|---|---|---|
| 3. 安全健康管理 | 3.2 伤害预防 | 3.2.1 能及时发现一日生活中的潜在风险<br>3.2.2 能预防磕碰伤、挤压伤、跌倒伤、异物伤、钝器伤、锐器伤等常见伤害<br>3.2.3 能做好一日生活的过程看护 | 3.2.1 婴幼儿生活环境的安全要求<br>3.2.2 常见危险品的安全排查知识<br>3.2.3 常见伤害类型与预防<br>3.2.4 一日生活过程安全看护要点 |
| | 3.3 应急处置 | 3.3.1 能对婴幼儿磕碰伤、挤压伤、跌倒伤、异物伤、钝器伤、锐器伤等进行初步处理<br>3.3.2 能做好基本的应急防护、避险、逃生、自救等<br>3.3.3 能在发生婴幼儿伤害时及时报告 | 3.3.1 婴幼儿基本急救知识<br>3.3.2 应急防护、避险、逃生、自救的基本方法<br>3.3.3 伤害与应急处置报告的原则与流程 |
| 4. 早期学习支持 | 4.1 保障充分活动 | 4.1.1 能保证婴幼儿充足的活动时间<br>4.1.2 能为婴幼儿提供多种形式的活动机会 | 4.1.1 充分活动的重要性<br>4.1.2 提供充分活动机会的基本原则 |
| | 4.2 支持示范 | 4.2.1 能保护婴幼儿对周围事物与环境的好奇心和求知欲<br>4.2.2 能为婴幼儿提供可信赖的探索环境<br>4.2.3 能提供适当的语言示范 | 4.2.1 婴幼儿学习的特点<br>4.2.2 依恋的基本原理<br>4.2.3 语言示范的基本知识 |
| 5. 合作共育 | 5.1 沟通交流 | 5.1.1 能向同事介绍婴幼儿的基本表现<br>5.1.2 能整理日常保育文档与资料 | 5.1.1 工作交流的主要内容和基本方法<br>5.1.2 婴幼儿档案整理知识 |
| | 5.2 育儿指导 | 5.2.1 能向家长描述婴幼儿在机构的基本情况<br>5.2.2 能展示家园共育的宣传信息 | 5.2.1 与家长沟通交流的原则主要方法<br>5.2.2 家园共育信息的宣传方法 |

## 3.2 四级/中级工

| 职业功能 | 工作内容 | 技能要求 | 相关知识要求 |
| --- | --- | --- | --- |
| 1. 环境创设 | 1.1 环境准备 | 1.1.1 能合理布置婴幼儿一日生活区域<br>1.1.2 能维护保养日常所需的设备与材料 | 1.1.1 一日生活区域布置的基要求<br>1.1.2 维护保养设备与材料的要求与规范 |
| | 1.2 物品准备 | 1.2.1 能贴好设备、用品标签<br>1.2.2 能标记特殊用品的使用方法及注意事项 | 1.2.1 物品标注规范及注意事项<br>1.2.2 特殊用品的使用方法和标记要点 |
| | 1.3 清洁消毒 | 1.3.1 能按程序做好预防性消毒<br>1.3.2 能正确处理婴幼儿的呕吐物和排泄物 | 1.3.1 预防性消毒相关知识<br>1.3.2 婴幼儿呕吐物和排泄物的处理方法 |
| 2. 生活照料 | 2.1 营养与喂养 | 2.1.1 能引导婴幼儿尝试和接受多种食物<br>2.1.2 能鼓励幼儿参与协助分餐、摆放餐具等活动<br>2.1.3 能引导幼儿独立自主进餐<br>2.1.4 能辅助婴幼儿使用水杯喝水 | 2.1.1 辅食添加相关知识<br>2.1.2 回应性喂养的注意事项<br>2.1.3 幼儿独立进餐的注意事项<br>2.1.4 婴幼儿饮水常见问题及解决方法 |
| | 2.2 睡眠照料 | 2.2.1 能引导幼儿进行力所能及的晾被、叠被、整理铺床等<br>2.2.2 能引导幼儿独立就寝 | 2.2.1 培养幼儿独立就寝的方法<br>2.2.2 幼儿独立就寝的注意事项 |
| | 2.3 生活与卫生管理 | 2.3.1 能引导幼儿正确盥洗<br>2.3.2 能引导幼儿进行力所能及的整理和穿脱衣服、鞋袜等<br>2.3.3 能鼓励幼儿及时表达大小便需求<br>2.3.4 能在日常照料中与婴幼儿进行适宜的互动 | 2.3.1 培养幼儿盥洗习惯的方法<br>2.3.2 培养幼儿穿脱衣服、鞋袜等技能的方法<br>2.3.3 回应性照料知识 |

续表

| 职业功能 | 工作内容 | 技能要求 | 相关知识要求 |
|---|---|---|---|
| 3. 安全健康管理 | 3.1 健康管理 | 3.1.1 能对婴幼儿常见病进行早期识别<br>3.1.2 能识别疑似传染病例，并及时报告<br>3.1.3 能发现婴幼儿的健康状况和行为异常<br>3.1.4 能提醒婴幼儿家长按时参加体检及预防接种 | 3.1.1 婴幼儿常见病和传染病的早期识别<br>3.1.2 传染病例报告流程及注意事项<br>3.1.3 婴幼儿健康指标<br>3.1.4 婴幼儿行为异常的类型及表现<br>3.1.5 婴幼儿定期体检及预防接种知识 |
| | 3.2 伤害预防 | 3.2.1 能预防烧烫伤、动物伤、窒息、溺水等意外伤害<br>3.2.2 能对婴幼儿进行安全教育 | 3.2.1 意外伤害类型与预防<br>3.2.2 安全教育知识 |
| | 3.3 应急处置 | 3.3.1 能对婴幼儿烧烫伤、动物伤、窒息、溺水等意外伤害进行初步处理<br>3.3.2 能在发生婴幼儿伤害时按规定进行记录 | 3.3.1 婴幼儿意外伤害急救知识<br>3.3.2 婴幼儿伤害及初步处理的记录方法 |
| 4. 早期学习支持 | 4.1 促进动作发展 | 4.1.1 能为婴幼儿提供机会促进大肌肉动作发展<br>4.1.2 能为婴幼儿提供机会促进精细动作发展 | 4.1.1 促进婴幼儿大肌肉动作发展的游戏活动<br>4.1.2 促进婴幼儿精细动作发展的游戏活动 |
| | 4.2 促进语言发展 | 4.2.1 能创设回应性的语言交流环境<br>4.2.2 能通过童谣、儿歌、故事、绘本等为婴幼儿提供丰富的语言经验 | 4.2.1 语言环境创设知识<br>4.2.2 促进婴幼儿语言发展的游戏活动 |
| | 4.3 促进认知发展 | 4.3.1 能给婴幼儿运用各种感官探索周围环境的机会<br>4.3.2 能鼓励和支持婴幼儿的主动探索 | 4.3.1 婴幼儿的学习动机<br>4.3.2 促进婴幼儿认知发展的游戏活动 |

续表

| 职业功能 | 工作内容 | 技能要求 | 相关知识要求 |
| --- | --- | --- | --- |
| 4. 早期学习支持 | 4.4 促进情感和社会性发展 | 4.4.1 能给婴幼儿自由表达情绪的机会<br>4.4.2 能辨识、理解和接纳婴幼儿的基本情绪，并给予及时回应<br>4.4.3 能简单引导和调节幼儿的情绪 | 4.4.1 辨识婴幼儿情绪的方法<br>4.4.2 婴幼儿的自我意识<br>4.4.3 婴幼儿情绪的引导与调节方法 |
| 5. 合作共育 | 5.1 沟通交流 | 5.1.1 能分析婴幼儿档案，与同事交流婴幼儿的各项表现<br>5.1.2 能鼓励家长提供婴幼儿在家里的基本情况和重要事件 | 5.1.1 婴幼儿档案的分析与解读<br>5.1.2 与家长沟通交流的技巧与注意事项 |
|  | 5.2 育儿指导 | 5.2.1 能根据观察记录，向家长介绍婴幼儿每日情况和重要事件<br>5.2.2 能组织家园共育活动 | 5.2.1 家庭育儿指导的内容与形式<br>5.2.2 家园共育活动的类型和方法 |

### 3.3　三级/高级工

| 职业功能 | 工作内容 | 技能要求 | 相关知识要求 |
| --- | --- | --- | --- |
| 1. 环境创设 | 1.1 区域设置 | 1.1.1 能设置支持婴幼儿发展的物质环境<br>1.1.2 能设置与活动内容一致的空间<br>1.1.3 能设置安全活动路线 | 1.1.1 早期发展支持的物质环境<br>1.1.2 活动目标与内容的关系<br>1.1.2 安全活动路线的基本要求 |
|  | 1.2 材料配备 | 1.2.1 能配备一日生活所需的设施设备、用品、材料等<br>1.2.2 能指导五级/初级工、四级/中级工使用设施设备、用品、材料等 | 1.2.1 设施设备、用品、材料配备的基本要求与规范<br>1.2.2 设施设备、用品、材料使用的基本要求与规范 |
|  | 1.3 物品管理 | 1.3.1 能制定物品管理制度<br>1.3.2 能按照物品管理流程进行管理 | 1.3.1 物品管理制度建设知识<br>1.3.2 物品管理流程 |
|  | 1.4 清洁消毒 | 1.4.1 能制定机构清洁消毒制度<br>1.4.2 能督促、指导清洁消毒制度的落实 | 1.4.1 清洁消毒制度建设知识<br>1.4.2 清洁消毒制度落实知识 |

续表

| 职业功能 | 工作内容 | 技能要求 | 相关知识要求 |
|---|---|---|---|
| 2. 生活照料 | 2.1 营养与喂养 | 2.1.1 能在进食前后，密切观察婴幼儿是否有不良反应<br>2.1.2 能识别并应对婴幼儿进食中遇到的问题 | 2.1.1 婴幼儿进食的不良反应<br>2.1.2 婴幼儿常见的进食问题与应对方法 |
| | 2.2 睡眠照料 | 2.2.1 能观察、记录婴幼儿睡眠情况，引导婴幼儿规律作息<br>2.2.2 能识别并应对婴幼儿的睡眠问题 | 2.2.1 婴幼儿睡眠观察的记录内容与方法<br>2.2.2 婴幼儿睡眠问题的识别与应对方法 |
| | 2.3 生活与卫生管理 | 2.3.1 能应对婴幼儿盥洗如厕中的问题<br>2.3.2 能发现婴幼儿大小便异常，并正确应对<br>2.3.3 能引导幼儿自主如厕<br>2.3.4 能与婴幼儿建立信任和稳定的情感联结 | 2.3.1 婴幼儿盥洗如厕中的常见问题及应对方法<br>2.3.2 婴幼儿大小便异常的表现与应对方法<br>2.3.3 培养幼儿自主如厕的方法与注意事项<br>2.3.4 安全依恋关系的建立与发展 |
| 3. 安全健康管理 | 3.1 健康管理 | 3.1.1 能对婴幼儿常见病进行预防和初步护理<br>3.1.2 能对健康状况和行为异常的婴幼儿进行重点观察<br>3.1.3 能观察预防接种后婴幼儿的不良反应 | 3.1.1 婴幼儿常见病护理知识<br>3.1.2 婴幼儿健康状况和行为异常的观察方法<br>3.1.3 预防接种不良反应的表现 |
| | 3.2 伤害预防 | 3.2.1 能预防触电、中毒、冻伤等伤害<br>3.2.2 能参与制定伤害预防方案 | 3.2.1 触电、中毒、冻伤等伤害预防知识<br>3.2.2 伤害预防方案的制定 |
| | 3.3 应急处置 | 3.3.1 能对机构急救物资进行配置<br>3.3.2 能参与制定突发事件的应急预案<br>3.3.3 能对发生严重伤害、等待救援的婴幼儿予以适宜照料 | 3.3.1 急救物资相关知识<br>3.3.2 应急预案的主要内容<br>3.3.3 触电、中毒、冻伤等伤害的应急处置 |

续表

| 职业功能 | 工作内容 | 技能要求 | 相关知识要求 |
|---|---|---|---|
| 4. 早期学习支持 | 4.1 促进动作发展 | 4.1.1 能鼓励婴幼儿探索和积累运动经验<br>4.1.2 能根据婴幼儿体质状况调节活动强度和时间 | 4.1.1 婴幼儿运动的影响因素<br>4.1.2 婴幼儿运动的注意事项 |
| | 4.2 促进语言发展 | 4.2.1 能引导婴幼儿倾听、理解、模仿和运用语言<br>4.2.2 能培养婴幼儿早期阅读兴趣和习惯<br>4.2.3 能支持婴幼儿与同伴、成人的交流互动 | 4.2.1 促进婴幼儿早期语言发展的主要原则和策略<br>4.2.2 培养早期阅读兴趣的策略<br>4.2.3 婴幼儿交流的支持方法 |
| | 4.3 促进认知发展 | 4.3.1 能鼓励婴幼儿感知各种事物的特征<br>4.3.2 能鼓励婴幼儿发现和解决生活中遇到的问题 | 4.3.1 婴幼儿主动探索的支持方法<br>4.3.2 培养婴幼儿自主学习能力的方法和策略 |
| | 4.4 促进情感和社会性发展 | 4.4.1 能引导婴幼儿理解和辨别不同情绪<br>4.4.2 能支持幼儿自我调节情绪<br>4.4.3 能帮助婴幼儿逐步适应集体生活<br>4.4.4 能支持婴幼儿开展人际交往 | 4.4.1 幼儿自我引导与自我调节相关知识<br>4.4.2 培养婴幼儿集体意识的方法<br>4.4.3 婴幼儿人际交往相关知识 |
| 5. 培训与指导 | 5.1 培训 | 5.1.1 能根据家庭的需求，编制科学育儿培训计划<br>5.1.2 能根据五级/初级工、四级/中级工的工作内容和需求编制培训计划 | 5.1.1 家庭培训的类型、内容及流程<br>5.1.2 培训计划的编制与培训方法的选择 |
| | 5.2 指导 | 5.2.1 能对家长提供科学育儿咨询和指导<br>5.2.2 能对五级/初级工、四级/中级工进行工作指导 | 5.2.1 家庭育儿指导的方法与技巧<br>5.2.2 工作经验交流与分享知识 |

## 3.4 二级/技师

| 职业功能 | 工作内容 | 技能要求 | 相关知识要求 |
| --- | --- | --- | --- |
| 1. 环境创设 | 1.1 区域规划 | 1.1.1 能创设适合不同活动内容的区域<br>1.1.2 能为特殊需要的婴幼儿创设安全区域 | 1.1.1 区域创设基本要求与规范<br>1.1.2 特殊区域创设知识 |
| | 1.2 材料投放 | 1.2.1 能投放一日生活所需的设施设备、用品、材料等<br>1.2.2 能对设施设备、用品与材料的投放进行评估和调整 | 1.2.1 设施设备、用品、材料投放的基本要求与规范<br>1.2.2 设施设备、用品、材料投放评估知识 |
| 2. 生活照料 | 2.1 营养与喂养 | 2.1.1 能为婴幼儿饮食进行均衡性、多样化配餐<br>2.1.2 能辅助婴幼儿专注进食和选择多种食物 | 2.1.1 婴幼儿饮食配餐知识<br>2.1.2 培养婴幼儿饮食习惯的方法 |
| | 2.2 睡眠照料 | 2.2.1 能理解婴幼儿睡眠的个体差异，采取适宜的照料方式<br>2.2.2 能培养婴幼儿良好的睡眠习惯 | 2.2.1 婴幼儿睡眠的影响因素<br>2.2.2 婴幼儿睡眠习惯的培养方法 |
| | 2.3 生活与卫生管理 | 2.3.1 能培养婴幼儿良好的用眼及口腔习惯<br>2.3.2 能引导婴幼儿逐步形成规则和安全意识 | 2.3.1 婴幼儿眼睛保护及口腔卫生的基本知识<br>2.3.2 培养规则和安全意识的方法 |
| 3. 安全健康管理 | 3.1 健康管理 | 3.1.1 能及时处理疑似传染病例，并按规程登记上报<br>3.1.2 能针对婴幼儿发育水平制定个性化健康指导方案<br>3.1.3 能制定晨、午、晚检以及传染病预防的工作方案 | 3.1.1 传染病例处理及上报规程<br>3.1.2 婴幼儿个性化健康指导的方法<br>3.1.3 健康观察流程及处理规范 |
| | 3.2 伤害预防 | 3.2.1 能制定和落实预防婴幼儿伤害的管理细则<br>3.2.2 能开发与组织实施安全教育课程体系 | 3.2.1 婴幼儿伤害管理细则的制定与落实<br>3.2.2 安全教育课程体系 |

续表

| 职业功能 | 工作内容 | 技能要求 | 相关知识要求 |
| --- | --- | --- | --- |
| 3. 安全健康管理 | 3.3 应急处置 | 3.3.1 能在发生婴幼儿伤害时，做好家长沟通，并寻求专业支持<br>3.3.2 能制定突发事件的应急预案 | 3.3.1 应急处置的流程与注意事项<br>3.3.2 应急预案的制定 |
| 4. 早期学习支持 | 4.1 促进动作发展 | 4.1.1 能设计与组织实施促进婴幼儿动作发展的游戏活动<br>4.1.2 能及时发现婴幼儿动作发展异常的预警现象 | 4.1.1 促进动作发展的游戏活动设计与组织实施<br>4.1.2 婴幼儿动作发展异常的表现 |
| | 4.2 促进语言发展 | 4.2.1 能设计与组织实施促进婴幼儿语言发展的游戏活动<br>4.2.2 能及时发现婴幼儿语言发展异常的预警现象 | 4.2.1 促进语言发展的游戏活动设计与组织实施<br>4.2.2 婴幼儿语言发展异常的表现 |
| | 4.3 促进认知发展 | 4.3.1 能设计与组织实施促进婴幼儿认知发展的游戏活动<br>4.3.2 能及时发现婴幼儿认知发展异常的预警现象 | 4.3.1 促进认知发展的游戏活动设计与组织实施<br>4.3.2 婴幼儿认知发展异常的表现 |
| | 4.4 促进情感和社会性发展 | 4.4.1 能设计与组织实施促进婴幼儿情感和社会性发展的游戏活动<br>4.4.2 能及时发现具有情感和社会性发展问题的婴幼儿 | 4.4.1 促进情感和社会性发展的游戏活动设计与组织实施<br>4.4.2 婴幼儿情感和社会性发展的常见问题 |
| 5. 培训与指导 | 5.1 培训 | 5.1.1 能根据家庭和社区需求开设家长课堂和专题培训<br>5.1.2 能对三级/高级工及以下级别人员进行培训 | 5.1.1 家长课堂设计知识<br>5.1.2 培训的方法与策略 |
| | 5.2 指导 | 5.2.1 能对机构的日常工作进行指导<br>5.2.2 能对三级/高级工及以下级别人员进行指导 | 5.2.1 机构日常工作常见问题<br>5.2.2 保育工作指导的主要内容和方法 |

## 3.5 一级/高级技师

| 职业功能 | 工作内容 | 技能要求 | 相关知识要求 |
| --- | --- | --- | --- |
| 1. 环境创设 | 1.1 区域规划 | 1.1.1 能提出区域规划的方案<br>1.1.2 能对区域规划方案进行评估，并提出改进意见 | 1.1.1 区域规划的主要内容<br>1.1.2 区域规划方案评估知识 |
| | 1.2 材料开发 | 1.2.1 能自主研发活动所需的部分设施与材料<br>1.2.2 能利用自然材料整合形成多功能玩/教具 | 1.2.1 设施与材料的研发<br>1.2.2 多功能玩/教具的制作 |
| 2. 生活照料 | 2.1 营养与喂养 | 2.1.1 能制定膳食计划和科学食谱<br>2.1.2 能根据婴幼儿生长发育指标判断其营养状况，并调整营养与喂养策略<br>2.1.3 能为有特殊饮食需求的婴幼儿提供喂养建议 | 2.1.1 膳食计划制定方法<br>2.1.2 婴幼儿营养状况与喂养策略评估知识<br>2.1.3 婴幼儿特殊饮食知识 |
| | 2.2 睡眠照料 | 2.2.1 能评估婴幼儿睡眠的质量<br>2.2.2 能在观察评估的基础上，改进婴幼儿睡眠的照料策略 | 2.2.1 婴幼儿睡眠质量评估知识<br>2.2.2 婴幼儿睡眠照料策略 |
| | 2.3 生活与卫生管理 | 2.3.1 能发现有精神状态不良、烦躁等表现的婴幼儿，并加强看护<br>2.3.2 能识别婴幼儿的偏差行为，并适当应对 | 2.3.1 婴幼儿精神状况不良的表现及应对方法<br>2.3.2 婴幼儿偏差行为的表现及应对方法 |
| 3. 安全健康管理 | 3.1 健康管理 | 3.1.1 能评估健康指导方案，并提出改进意见<br>3.1.2 能协助家长寻求机构外的专业支持，解决婴幼儿的健康问题 | 3.1.1 婴幼儿健康指导方案评估知识<br>3.1.2 婴幼儿转介知识 |
| | 3.2 伤害预防 | 3.2.1 能评估预防婴幼儿伤害的管理细则，并提出改进意见<br>3.2.2 能指导开展伤害防控工作 | 3.2.1 伤害预防管理细则评估知识<br>3.2.2 伤害防控指导知识 |

续表

| 职业功能 | 工作内容 | 技能要求 | 相关知识要求 |
|---|---|---|---|
| 3. 安全健康管理 | 3.3 应急处置 | 3.3.1 能评估突发事件应急预案，并提出改进意见<br>3.3.2 能指导机构开展突发事件应急处理 | 3.3.1 突发事件应急预案评估知识<br>3.3.2 突发事件应急处理指导知识 |
| 4. 早期学习支持 | 4.1 促进动作发展 | 4.1.1 能评估婴幼儿动作发展水平<br>4.1.2 能对动作发展异常的婴幼儿给予指导或转介<br>4.1.3 能依据观察评估结果，改进婴幼儿动作发展领域的课程体系 | 4.1.1 婴幼儿动作发展评估知识<br>4.1.2 婴幼儿动作发展异常的干预知识<br>4.1.3 婴幼儿动作发展领域的课程体系 |
| | 4.2 促进语言发展 | 4.2.1 能评估婴幼儿语言发展水平<br>4.2.2 能对语言发展异常的婴幼儿给予指导或转介<br>4.2.3 能依据观察评估结果，改进婴幼儿语言发展领域的课程体系 | 4.2.1 婴幼儿语言发展评估知识<br>4.2.2 婴幼儿语言发展异常的干预知识<br>4.2.3 婴幼儿语言发展领域的课程体系 |
| | 4.3 促进认知发展 | 4.3.1 能评估婴幼儿认知发展水平<br>4.3.2 能对认知发展异常的婴幼儿给予指导或转介<br>4.3.3 能依据观察评估结果，改进婴幼儿认知发展领域的课程体系 | 4.3.1 婴幼儿认知发展评估知识<br>4.3.2 婴幼儿认知发展异常的干预知识<br>4.3.3 婴幼儿认知发展领域的课程体系 |
| | 4.4 促进情感和社会性发展 | 4.4.1 能评估婴幼儿情绪和社会性发展水平<br>4.4.2 能识别婴幼儿情绪和社会性发展问题，并给予指导或转介<br>4.4.3 能依据观察评估结果，改进婴幼儿情绪和社会性发展领域的课程体系 | 4.4.1 婴幼儿情绪和社会性发展评估知识<br>4.4.2 婴幼儿情绪和社会性发展问题的应对知识<br>4.4.3 婴幼儿情绪和社会性发展领域的课程体系 |

续表

| 职业功能 | 工作内容 | 技能要求 | 相关知识要求 |
|---|---|---|---|
| 5. 培训与指导 | 5.1 培训 | 5.1.1 能制订区域性保育人才年度培训规划<br>5.1.2 能培训保育师师资队伍 | 5.1.1 培训规划的基本知识<br>5.1.2 师资培训知识 |
| | 5.2 指导 | 5.2.1 能根据机构发展水平进行业务指导<br>5.2.2 能对二级/技师及以下级别人员提供指导 | 5.2.1 机构业务相关知识<br>5.2.2 保育工作指导的方法和技巧 |
| | 5.3 研究 | 5.3.1 能针对机构发展需求进行相关分析与研究<br>5.3.2 能撰写相关研究报告或论文 | 5.3.1 调查研究的方法<br>5.3.2 报告或论文撰写知识 |

## 4．权重表

### 4.1 理论知识权重表

| 项 目 | | 技能等级 | | | | |
|---|---|---|---|---|---|---|
| | | 五级/初级工（%） | 四级/中级工（%） | 三级/高级工（%） | 二级/技师（%） | 一级/高级技师（%） |
| 基本要求 | 职业道德 | 5 | 5 | 5 | 5 | 5 |
| | 基础知识 | 20 | 15 | 10 | 5 | 5 |
| 相关知识要求 | 环境创设 | 10 | 10 | 15 | 15 | 15 |
| | 生活照料 | 25 | 20 | 15 | 15 | 10 |
| | 安全健康管理 | 25 | 25 | 25 | 20 | 20 |
| | 早期学习支持 | 10 | 15 | 20 | 25 | 25 |
| | 合作共育 | 5 | 10 | — | — | — |
| | 培训与指导 | — | — | 10 | 15 | 20 |
| 合计 | | 100 | 100 | 100 | 100 | 100 |

## 4.2 技能要求权重表

| 项　　目 || 技能等级 ||||| 
|---|---|---|---|---|---|---|
| ^^ | ^^ | 五级/初级工（%） | 四级/中级工（%） | 三级/高级工（%） | 二级/技师（%） | 一级/高级技师（%） |
| 技能要求 | 环境创设 | 10 | 15 | 20 | 20 | 20 |
| ^^ | 生活照料 | 35 | 30 | 20 | 15 | 10 |
| ^^ | 安全健康管理 | 30 | 25 | 20 | 20 | 20 |
| ^^ | 早期学习支持 | 20 | 25 | 30 | 30 | 30 |
| ^^ | 合作共育 | 5 | 5 | — | — | — |
| ^^ | 培训与指 | — | — | 10 | 15 | 20 |
| 合计 || 100 | 100 | 100 | 100 | 100 |